かしこい家しごと

料理・洗濯・掃除＋おつきあいの知恵

ベターホーム協会・編

もくじ

ていねいにやさしく、まいにちの家事

- 8 料理上手になる調理の基本
  - ★料理をおいしく作るコツ　9
- 10 調理前の基本
  - まな板の扱い　10
  - 包丁の持ち方　11
  - 食材の押さえ方　11
  - 包丁をとぐ　12
  - 基本の切り方　14
  - 計量する　16
  - 火加減のめやす　17
  - 水量を表す用語　17
- 18 知っておきたい調理の手順
- 20 手早く料理をするための、ちょっとした知恵
- 22 台所のあとかたづけ
- 26 キッチンから考える環境のこと
  - 《暮らしの豆知識》
    - チラシで作るミニごみ箱　27
- 28 環境にやさしい調理の知恵

- 30 いつもきれいにシンプル掃除
  - ★気持ちよく掃除するコツ　31
- 32 重曹とクエン酸でおうち掃除
  - 重曹・クエン酸水の使い方　33
  - 掃除の道具　34
    - 《暮らしの豆知識》
      - 掃除リストを作ろう　34
      - カットクロスを作る　35
  - キッチン　36
  - 部屋　39
  - トイレ　40
  - 風呂　41
- 42 正しく知ってきれいに洗濯のコツ
  - ★上手な洗濯のコツ　43
- 44 洗濯をする
  - 洗濯前の下洗い　44
    - 《暮らしの豆知識》
      - しみがついたときの対処法　45
  - 絵表示をチェック　46
  - 洗濯物を分類する　46
  - すすぎ・脱水のコツ　46
  - しわを防いで干す　47
  - いろいろな干し方　47
  - 部屋干しのくふう　48
  - 部屋干しのにおいを防ぐには　48
- 49 セーター・ニットの手洗い
- 51 ダウンジャケット・小物の手洗い
  - ダウンジャケット　51
  - 革の手袋　52
  - 日傘・トートバッグ　53

54	美しく仕上げる アイロンがけ

★ アイロンがけのコツ　55

56　シャツのアイロンがけ

58　スカートのアイロンがけ

59　パンツのアイロンがけ

60	気軽に始める お裁縫

★ きれいに縫うためのコツ　61

62　縫い方とボタンつけ

《 暮らしの豆知識 》
予備ボタンがないときは　63

64　作ってみましょう

さらしで作るハンカチ　64

キッチンクロスで作るバッグ　66

すっきりと暮らす、かたづけと収納

72	暮らしやすい かたづけの知恵

★ かたづけと収納の心得　73

74　持ちものを見直す

75　処分する３つのタイミング

76　収納するときのポイント

77　ものを増やさないためのルール

78　収納のアイディアいろいろ

キッチン小物　78

食器　80

《 暮らしの豆知識 》
手づくり収納ケース　81

食品　82

本・小物類　83

《 暮らしの豆知識 》
かたづけ上手さんの心がけ　84

家族のもの　85

86　ワードローブの整理と収納

年2回のチェックで整理しよう　86

処分する　86

着まわししやすい収納法　87

季節を楽しむ、
幸せレシピ

92 **みんなで味わう外ごはん**
　　★外ごはんを楽しむコツ　93

94 パンとワインで楽しむ
　　お花見弁当
　　　　グリルチキン　96
　　　　レバーペースト　96
　　　　野菜スティック　96
　　　　フルーツのリキュールマリネ　96

97 おいしい市販品も
　　とり入れて

98 おなかいっぱい
　　秋のピクニック弁当
　　　　ごちそうおにぎり　100
　　　　かりかりフライドチキン　100
　　　　野菜のベーコン巻き　100
　　　　かんたん煮もの　101
　　　　卵焼き　101
　　　　ぶどうゼリー　101

102 外ごはんに
　　 持って行きたいもの

104 **しみじみ味わう玄米と雑穀**
　　　★玄米・雑穀の種類　105

107 自分好みの、雑穀ブレンド

108 土鍋で玄米ごはんを炊く

110 **のんびりコトコト豆を煮る**
　　　★豆の種類　111

112 青大豆を煮る
　　　《暮らしの豆知識》
　　　余熱で豆を煮る　113

114 **四季の手づくりジャムと保存食**
　　　★ジャムと保存食づくりのコツ　115

116 Spring いちごジャム
　　　びんの消毒　117

118 Summer トマトのジャム

119 Summer
　　 サマーフルーツのブランデー酒

120 Autumn 干しきのこ
　　　アレンジレシピ：
　　　干しきのこの
　　　ペペロンチーノスパゲティ　121

122 Autumn いちじくジャム
　　　スコーン　123

124 Winter ゆず酢

125 Winter ジンジャーシロップ

心のこもったおつきあい、手紙と贈りもの

130　手紙とはがきの書き方
　　手紙の基本　130
　　礼状の書き方　131
　　封筒の書き方　132
　　はがきの書き方　133
　　印象的な手紙にする　134
　　　　《 暮らしの豆知識 》
　　　　メールのマナー　134
　　筆まめになろう　135

136　贈りものとお見舞い
　　お中元・お歳暮　136
　　お中元・お歳暮 Q&A　139
　　結婚祝い　140
　　出産祝い　142
　　お葬式の香典　144
　　　　《 暮らしの豆知識 》
　　　　通夜と告別式のどちらに参列する？　145
　　お見舞い　146
　　のし袋の使い方・種類　148
　　表書き・中袋の書き方　149
　　のし袋の注意　150

招いたり、招かれたり、訪問のマナー

152　訪問するときのマナー
　　到着するまで　152
　　靴の脱ぎ方・スリッパの扱い　153
　　部屋に通されたら　153
　　あいさつする　154
　　手みやげを渡す　154
　　帰るとき　155

156　おもてなしのマナー
　　迎える準備　156
　　掃除をする　156
　　お客さまが着いたら　158
　　手みやげをいただいたら　158
　　お茶をすすめる　159
　　見送り　159

コラム
　68　　おいしい日本茶で、
　　　　ちょっとひと息
　88　　花の飾り方レッスン
　126　　手づくり入浴剤を楽しむ

はじめに

ふだんの日々をもっと大切にしたい
そう思うことはありませんか。

忙しい日が続くと、暮らしにかかわることは
ついなおざりにしがちです。
けれども、まいにちをやさしい気持ちで、ていねいに過ごすことこそ
実はいちばん大切なことです。

晴れた日には、窓を開けて風を通したり
季節のものをじっくりと料理し、味わったりすることで
今まで気づかなかったことが、きっと見えてくるはずです。

この本は、家庭の主婦であり
全国の料理教室で教えるベターホームの先生たちが、日々の生活で実践している
家事の基本と知恵をまとめました。
「人には聞けない、でもちゃんと知っておきたい」
そんな、暮らしのマナーとくふうがたくさん詰まっています。

知っていることでも、知らなかったことでも
小さな発見が必ずあるはずです。
少しずつでも、できることからやってみましょう。
日々の暮らしが、今よりもっと心地よく、楽しくなります。

Chapter 1

ていねいにやさしく、
まいにちの家事

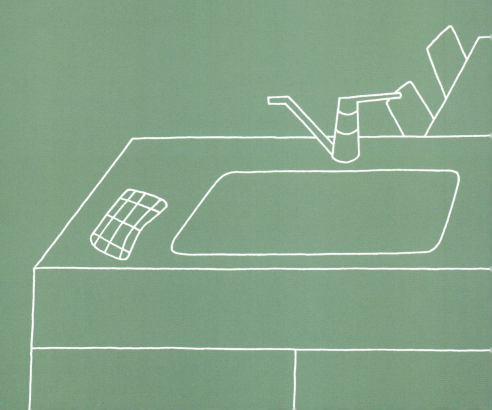

料理上手になる
調理の基本

料理は心をこめて作りましょう。
手間を惜しまず、ていねいに作った料理の味は
食べる人にもしっかり伝わります。

料理をおいしく作るコツ

調理台はいつもきれいに

切った材料を置く、盛りつけをするなど、調理台で行う作業はたくさんあります。余計なものが出ていて調理スペースがせまいと、効率が悪くなります。

段どりを考えておく

温かいものは温かいうちに、冷たいものは冷たい状態で食べたいもの。食べたい時間から逆算して、どの料理からとりかかるか事前に考えておきます。

よく切れる包丁を使う

どんなによい包丁でも、手入れが悪ければ、ナマクラ包丁になってしまいます。とぐ習慣をつけて、いつも切れ味のよい包丁を使います。

きちんと計量、味見をする

きちんと計量すると、失敗がありません。しかし、実際には素材や道具、火加減の違いなどで味がかわります。必ず味見をします。

調理前の基本

料理初心者も慣れている人も、調理の基本をおさらいしましょう。
正しい方法を知ることで、
料理を今よりもおいしく、手早く作れるようになります。

〔まな板の扱い〕

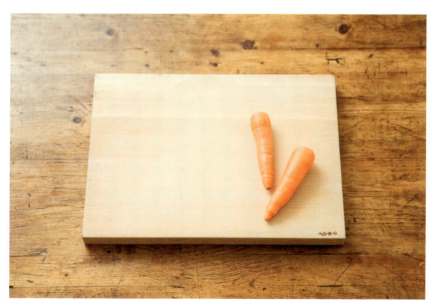

木のまな板は、使う前に水でぬらしてふいてから使います。汚れやにおいがしみこむのを防ぎます。肉や魚の菌が生野菜などにつかないように、片面に「肉・魚用」のマークをつけ、野菜を切る面と使い分けます。

調理するときの姿勢

調理台から、握りこぶしひとつ分ほど離れて立ちます。右足(左ききなら左足)を半歩ほど後ろに引いて立ち、足を開き加減にします。包丁を持つ手がまっすぐになり、動かしやすく、まな板を広く使えます。

〔包丁の持ち方〕

柄を手のひらで包むように持ち、柄のつけ根をしっかりにぎります。刃先で細かい作業をする場合は、人さし指を伸ばしてミネにあてると、動かしやすくなります。

〔食材の押さえ方〕

1
左手(左ききなら右手)の指を折り曲げ、食材を上から軽く押さえます。

2
人さし指か、中指の第一関節が、包丁の腹にあたる位置にきます。包丁のまん中より刃先側に食材をあてます。

3
向こう側に押し出すように切ります。

4
切りたい幅にそのまま左に動かすと、一定の厚さに切れます。

〔包丁をとぐ〕

包丁はよく切れるものを使い、月に一度はていねいにといで、切れ味を保ちます。食材がきれいに切れて、料理の見ばえや味に差が出ます。

※とげるのは、はがねやステンレスの包丁。セラミックの包丁は専用のシャープナーが必要です。

家庭では「中砥（なかと）」とよばれる800〜1000番の砥石（といし）が向いています。

準 備

砥石をたっぷりの水につけ、泡が出なくなるまで充分水を含ませます（約15分以上）。

ぬれぶきんの上に砥石を置きます。といでいるときに、砥石にかけるための水を用意します。

1

砥石に対して45度に、包丁の刃を砥石にぴったりつけて置きます。

2

次に包丁のミネを約5mm浮かせます。といでいる間はこの角度を保ちます。

3

刃わたりを約3つの区域で考え、刃先・中央・刃元の順に、砥石全体を使って、それぞれ往復10〜15回とぎます。

4

どろどろの液が出てきますが、研磨剤になるので、そのままとぎ、砥石が乾いたら水をかけます。

5

裏面も同様に刃先から順にとぎます。

6

裏面の刃元は、とぎにくいので、包丁を横にしてとぎます。

7

充分注意しながら刃に軽くふれて、引っかかる感触があれば、さらに軽くとぎます。

8

とぎ終わったら包丁を洗い、水気をふきます。砥石は洗い、乾燥させます。

〔基本の切り方〕

野菜には、種類や調理方法に合わせて、いろいろな切り方があります。火を通しやすく、食べやすく、さらには見た目を美しくするためです。

輪切り
だいこん、にんじんなど、切り口の丸い形をいかした切り方。

半月切り
輪切りを半分にした形。縦半分に切ったものを、端から切っていきます。

いちょう切り
輪切りを4等分にしたいちょうの葉の形。縦4つに切ったものを、端から切っていきます。

たんざく切り
薄い長方形。短歌などを書くたんざく(短冊)の形です。

くし形切り
たまねぎなど、丸いものを放射状に切った形。髪をとかすくし(櫛)の形です。

小口切り
きゅうりやねぎなど、細長い材料を端から切ること。指定がなければ、薄切りをさします。

ささがき
ごぼうやにんじんなどを、鉛筆を削るように、薄く小さくそぎ落としながら切ります。

乱切り
材料をクルクル回しながら、斜めに切っていきます。断面積が広くなります。

細切り
細さや長さはいろいろですが、マッチ棒くらいに細長く切ります。

みじん切り
材料を細かくきざむこと。少し大きめのものは「あらみじん」といいます。

せん切り 1
細切りよりも細く、繊維にそって切ります。シャキッとした歯ごたえがあり、長さもそろえやすい。

せん切り 2
ねぎのせん切りは「白髪ねぎ」と呼びます。中の芯をとり、白い部分を広げて切ります。

拍子木切り
細長く四角い形です。断面が長方形になるように切り、厚めに切っていきます。

そぎ切り
包丁を少しねかし、そぐように斜めに切る切り方です。

〔計量する〕

おいしい料理を作るには、まずはレシピどおりきちんと計量しましょう。目分量で作っていた料理も計量して作ると、味がしっかり決まります。

大さじ・小さじ1

砂糖、塩などは、山盛りにしてから、スプーンの柄で表面を平らにし、「すりきり」にします。

しょうゆや酒などの液体は、ふちまでいっぱいに入れます。

大さじ・小さじ½、⅓など

砂糖、塩などを、½、⅓にする場合は、等分の線を引いて、不要分を除きます。

しょうゆや酒など、液体の½量をはかるときは、目盛りに従います。見た目では意外と上のほう。目盛りがない場合は、深さの⅔くらいまでをめやすに(大さじ½＝小さじ1・½)。

塩少々

親指と人さし指でつまんだ量です。

手のひらにのせると、これくらい。

〔火加減のめやす〕

「強火」「中火」「弱火」はレシピに必ず出てきます。
正しく調節できているかどうか、おさらいしましょう。

強火
鍋やフライパンの底面全体に炎がしっかりとあたる状態です。煮ものがグツグツと煮えます。エネルギーのむだなので、鍋の底から炎がはみ出さないようにします。

中火
炎の先が、鍋にあたるくらいです。小さな泡が出て、煮ものが、コトコトと煮える火加減です。

弱火
炎の先端が、鍋やフライパンの底面とガスコンロのガス穴とのちょうど中間にくる状態です。煮ものの煮汁が、フツフツとゆれて沸とうが続くくらいです。

〔水量を表す用語〕

煮たり、ゆでたりするときは、材料や料理に合った水量にすることが大切。
あいまいになりがちなので、しっかり覚えておきましょう。

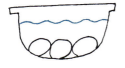 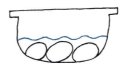 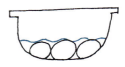

たっぷり
材料がすっかりかくれて、つかっている状態。

かぶるくらい
材料の頭がちょうどかくれる（かぶる）くらいの水量。

ひたひた
材料の頭が水面から見えかくれするくらい。

知っておきたい調理の手順

いくつもの料理を手際よく、むだのない動作で仕上げていくには、
調理前の段どりが大切です。

ぶりの照り焼き
ごはん
切り干しだいこんの煮もの
野菜の甘酢漬け
とうふとわかめのみそ汁

献立は味だけでなく、フライパンと鍋、電子レンジなど、使う道具が重ならない料理を選びます。また、買物に行く途中、電車に乗っているときのあいた時間などに手順をイメージしておくと、すぐとりかかれます。

タイムスケジュール

	0分	15分	30分
ぶりの照り焼き		ぶりに下味をつける	焼く
切り干しだいこんの煮もの	水でもどす　ほかの材料の準備	煮る	
野菜の甘酢漬け		野菜を切る	調味料と野菜を合わせる
みそ汁	お湯をわかして、だしをとる　具の準備	だしで具を煮るみそをとく	
ごはん(浸水しておく)	炊く(炊飯器のスイッチを入れる)		

1 乾物をもどす
切り干しだいこん、干ししいたけ、ひじきなどの乾物を使う場合は、もどすのに時間がかかります。炊飯器のスイッチを入れたら、乾物をもどします。

2 湯をわかす
湯をわかすには、意外と時間がかかるもの。鍋に湯をわかします。その際、ふたをしてわかしましょう。だしをとったり、野菜をゆでたりするのに使います。

3 おかずを作る 1
温め直しができる煮もの、汁もの、時間をおくとおいしい即席漬け、冷やしておきたいサラダなどを先に作ります。

4 下味をつける
魚や肉に、塩をふったり、下味をつけたりします。

5 あいた時間は洗いもの
調理中に手があいたら、使った鍋や、ボール、計量スプーンなどを洗うようにします。料理ができあがるころに、すっきりかたづいているのが理想です。

6 おかずを作る 2
焼きもの、揚げもの、いためものなど、アツアツを食べたいものは、食べる時間から逆算して仕上げます。

手早く料理をするための、ちょっとした知恵

まとめづくりをしたり、事前に献立を考えたりしておくと、
手早く料理を仕上げることができます。
ここでは、料理教室で教える先生たちの知恵を集めました。

調理台はすっきり
調理スペースを広くとるために、調理台には余計なものを置かず、きれいに。

買物前に準備
買物前に、家にある材料を確認。乾物は出かける前にもどしておくと、すぐ調理に入れます。

野菜を洗っておく
今日、明日中に使いきりたい食材をメモにして冷蔵庫に貼り、野菜はまとめて洗っておきます。

一度に野菜をゆでる
野菜を複数ゆでるときは、アクの少ないものから、ひと鍋で順にゆでます。あとの湯は洗いものに。

まな板いらずの調理法
とんカツ肉の筋はキッチンばさみで切り、下味は、肉の入っていたトレーでつけます。

ポリ袋を活用
肉や魚に衣をつけるときは、ポリ袋を使うと、小麦粉やパン粉が少量ですみます。

まとめづくりが便利 1
煮豚、シチュー、ひじきの煮ものなど、保存(冷凍)できるものは、多めに作ります。

まとめづくりが便利 2
圧力鍋で大豆やひよこ豆、いんげん豆などを一度にゆで、小分けにして冷凍します。

薬味は切っておく
万能ねぎは、全部切って密閉容器に入れて冷蔵庫へ。冷凍もできます。

バターは切っておく
バターは買ってきたら、10gずつに切っておくと、調理のときに、すぐに使えて便利です。

材料を使いきる 1
残ったそばつゆに、残り野菜を入れ、電子レンジで加熱すればすぐに一品できます。

材料を使いきる 2
かぼちゃが残りそうなら煮ものに、きゅうりが残ったら塩もみ。あいた時間に作りおきです。

レンジで加熱時間短縮
にんじんやじゃがいもは、電子レンジで加熱してから煮ると、早く煮えます。

朝はひと鍋、ひと皿
ひとり分なら、野菜のソテーと目玉焼きは大きめのフライパンひとつで作り、ワンプレートに。

まいにちの家事 ● 調理の基本

台所のあとかたづけ

調理とかたづけ・掃除はセットと考え、料理をするたびにきれいにしておきます。
汚れがこびりつかず、大掃除の手間もはぶけます。
いつもきれいな台所で調理しましょう。

〔調理中にすませておきたいこと〕

調理道具は洗う
使った鍋や調理道具は、使い終わったらこまめに洗いましょう。かたづけ時間が短縮できます。

汚れはすぐふく
調理台、コンロまわりの油はねはすぐにふきます。熱いうちなら、汚れはかんたんにとれます。

〔洗う　調理器具〕

汚れは乾燥で、油は温度の低下で落ちにくくなります。
調理したら、できるだけすぐに落とします。

まな板 1
魚や肉を切ったときは、まず水で洗ってから、湯で洗います。いきなり湯を使うと、たんぱく質が固まり、汚れが落ちにくくなるからです。

まな板 2
木製（耐熱性）のものは、最後に熱湯をかけることで、乾きやすく、殺菌効果もあります。梅雨や夏場は特にやっておきましょう。

包丁
危ないので、包丁のミネのほうからスポンジではさんで刃を洗います。ふきんでふいて水気をとります。

アルミ、ステンレスの鍋
スポンジのかたいほうで洗います。水につけても落ちない汚れは、湯をわかしてから洗います。

フッ素樹脂加工のフライパン
スポンジのやわらかいほうで洗います。加工のない外側は、スポンジのかたいほうを使います。

ガスコンロ
まだ温かいうちに湯でぬらしてしぼったふきんでふき、バーナーリングもふきます。ひどい汚れは、重曹で掃除（P.37参照）。

〔洗う　食器〕

食べ終わったあとの流しには、油汚れのついたもの、グラス、こわれやすい陶器など、いろいろな食器がいっぱい。こわれやすさや、汚れの程度を考えて洗います。

洗う前にやっておくこと 1
油気のある食器とないものに分け、ごはん茶碗や箸、しゃもじは水か湯につけておきます。

洗う前にやっておくこと 2
ゴムべらや牛乳パックを切ったものなどで、汚れをこそげとります。カレーやしつこい油汚れには重曹をふって、こすり落とします。

グラス・ガラス製品
割れやすいので、最初に洗います。熱めの湯に通して、乾いたふきんにふせ、自然乾燥させます。ふくときは、ケバの残らないふきんで。

小鉢など
油気がなく、汚れの少ない食器は、洗剤を使わなくても、湯で洗えば充分です。

茶碗
水につけておいた、茶碗やしゃもじを洗います。洗剤は必要ありません。

油汚れのひどい食器
洗う前に汚れをしっかりぬぐっておけば、洗うのはかんたんです。器のふちや裏側も忘れずに洗います。

〔ふく〕

水気をきる
大きい器は小さい器に立てかけるようにして並べ、水気がきれるように、水きりかごに入れます。

ふく
食器の水気がほぼきれたら、清潔なふきんでふいて収納します。

Point

清潔なふきんを使う
ふきんは数枚を用意して、清潔なものを使います。手前のものから使い、洗ったものは後ろに入れ、前から順に使うようにします。

Point

ふきんは大きめが便利
大皿もふける 40×70cm くらいの大きいふきんが便利。綿とレーヨンの混紡や麻の、吸水性のよい、ケバ立たない素材が向きます。

〔最後に〕

水きりかごの受け皿も洗う
ふき終わったら、受け皿はそのままにしておかず、すぐ水をきり、洗います。

シンクを洗ってふく
洗いものがすんだら、排水口のごみを捨ててきれいにします。シンクを洗い、カットクロス(P.35参照)や台ふきんで水気をふきとります。

キッチンから考える 環境のこと

家庭で使用されるエネルギーが急増しています。
私たちのキッチンは、魚が泳ぐ海とつながっています。
料理づくりから、環境のことをいつも気にかけましょう。

〔環境にやさしく 1　むだな買物をしない〕

特売だからと野菜や魚を多めに買い、使いきれずに捨ててしまうと、
お金だけでなく地球のエネルギーもむだになります。
買物に行くときは、冷蔵庫をチェックし、メモを持って計画的に。

●食材を育てるエネルギー
（魚の養殖、ビニールハウスの暖房など）

●店頭の照明や冷蔵庫の電気

●車で買物に行ったときのガソリン

〔環境にやさしく 2　電気やガスの使い方〕

電気、ガスなどのエネルギーを使うと、地球温暖化の原因となるCO_2（二酸化炭素）が発生します。使い方を見直し、環境と家計への負担も減らしましょう。

●節約…233円
冷蔵庫の開閉時間と回数を半分にする

●節約…44円
残ったごはんは炊飯器で保温せず、冷凍。電子レンジで温める

●節約…38円
鍋底の水滴をふきとってから、火にかける

※金額は1年間の場合（東京ガスの試験結果による）

〔環境にやさしく 3　ごみを出さない〕

できるだけごみを出さないように、買物や調理のときに、
ひとりひとりが気をつけましょう。

● 在庫を把握する

● 保存できないものは少量買う

● 簡易包装の店を選んで、買う

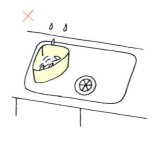

● 生ごみは水にぬらさず捨てる
生ごみのほとんどが水分です。水分が残っていると、ごみの重量が増え、焼却時に余分なエネルギーがかかります。
調理中のごみは、シンクや水のかかりやすい三角コーナーに捨てず、調理台にボールやミニごみ箱(作り方は下記参照)を置いて入れ、乾いた状態で捨てます。

・・・
暮らしの豆知識

チラシで作るミニごみ箱

つるつるとした紙の折りこみチラシで、ミニごみ箱を作っておくと便利です。
野菜の皮をむくときのごみ受けや魚の生ごみ受けにします。

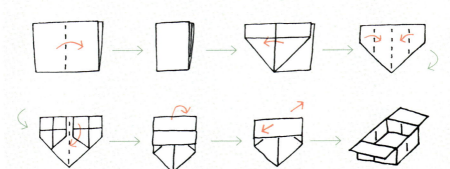

環境にやさしい 調理の知恵

家庭でも環境にやさしい家事を心がけるために、
すぐに実践できる、役立つ知恵を紹介します。

牛乳パックを活用 1
牛乳パックを三角形に切ったものをゴムべら代わりにして、汚れた皿や鍋をふきます。

牛乳パックを活用 2
キムチやにんにくなど色やにおいのつきやすいものを切るときは、牛乳パックを開いてまな板に。

残り野菜でスープ
ちょっと残った野菜や、切れ端は、かたづけの時間に鍋で煮て、翌朝のスープにします。

骨も捨てずに食べる
魚をおろしたら、中骨を電子レンジで3分加熱して塩をふると、骨せんべいになります。

しぼったレモンの活用法
レモン汁をしぼった皮は冷蔵庫に入れておくと、2〜3日は消臭剤代わりになります。

野菜の皮もむだなく
だいこんや、にんじんの皮はよく洗って細切りにし、きんぴらにします。

余熱でゆで卵

卵(常温)を水から入れ、沸とう後3分ゆでて火を止め、ふたをして10分おくと、かたゆで卵に。

蒸し器でもう1品

蒸し器を使うときは、下段の湯に卵を入れて。蒸すと同時にゆで卵ができます。

保温調理でおでん

おでんのだいこんは10分煮て、鍋ごと新聞紙とブランケットで包んで1時間おくと、やわらかくなります。

グリルの余熱活用

グリルを使うときは、排気口の一部にやかんを置くと、中の水が温まって、洗いものに使えます。

早く湯をわかす

厚手の鍋で煮ものをするときは、熱伝導率のよいアルミの鍋で湯をわかしてから移します。

少ない湯でパスタ

1人前やサラダ用のパスタは、いつもより少なめの湯をフライパンでわかし、折ってから入れます。

湯は適量わかす

湯をわかすときは、むだにたくさんわかさないように、カップや湯のみで量をはかって入れます。

ポットで光熱費削減

麦茶は冷やしたら、ステンレスポットに入れます。飲むたびに冷蔵庫を開けずにすみます。

まいにちの家事●調理の基本

いつもきれいに
シンプル掃除

窓を開けて、掃除をしましょう。
ぴかぴかにみがいた部屋は、風が通り、
心まですっきりきれいになります。

気持ちよく掃除するコツ

汚れをためない

ふだんの掃除はこまめに行い、大掃除はかんたんにするのが、かしこいやり方。汚れたら、その場ですぐきれいにする習慣をつけましょう。

掃除前のかたづけをしっかり

いざ掃除を始めるときに、散らかったものをかたづけるところから始めていては、時間ばかりかかります。日ごろから整理整頓を心がけましょう。

掃除は時間を決めて

寝る前の5分、休日の30分や1時間など、時間を決めて集中すると、忙しいときでも、掃除がストレスにならず、部屋をきれいに保てます。

重曹とクエン酸を活用

油汚れに強い重曹と、水アカ汚れに効果的なクエン酸があれば、日々の汚れはきれいに落とせます。汚れの気になる場所にいつも置いておきましょう。

重曹とクエン酸でおうち掃除

重曹もクエン酸も、昔から使われてきた、天然の物質です。でも、この2つがあれば、いろいろな洗剤を用意しなくても、家の中のたいていの汚れは、きれいにできます。

●重曹水
重曹大さじ1弱＋ぬるま湯200mlをスプレー容器に溶かします。消臭スプレーとしても使えます。キッチンやトイレに。

●濃いクエン酸水
水200ml＋クエン酸小さじ1をスプレー容器に溶かします。トイレ、風呂、洗面所に置いておくと便利。

●薄いクエン酸水
水200ml＋クエン酸小さじ1/2をスプレー容器に溶かします。床、壁などの軽い汚れに。キッチンやリビングに置くと便利。

★重曹水やクエン酸水は、常温保管で約1か月

重曹

重曹は天然のミネラル分で弱アルカリ性。酸性の汚れを落とします。「薬用」「食用」「工業用」とありますが、掃除なら安価な工業用で充分。
※防水加工をしていない木製品、アルミ、大理石に使うと傷つきやすく、アルミは黒ずむことがあります。

クエン酸

クエン酸は、かんきつ類や梅干しなどのすっぱさの素で、弱酸性。無臭で水に溶けやすく、弱アルカリ性の汚れを落とします。
※鉄やセメント、大理石には使えません。塩素系漂白剤・洗剤と混ぜると、有毒ガスが出るので併用厳禁。

〔重曹の使い方〕

家の多くの汚れ（皮脂、油、汗、手アカ、湯アカ、生ごみ・腐敗臭など）は酸性なので、重曹で中和して落とします。用途によって、1 粉で使う、2 ペースト状にして使う、3 重曹水にして使うの3つの方法を使い分けます。

ガス台の油汚れ

重曹（粉）をふりかけ、ぬらしてしぼったカットクロス(P.35)でこすります。油汚れのひどいグリル皿も、洗う前に同様にこすってふきとると、ベタベタしません。

部屋のにおい

重曹には消臭・吸湿作用もあります。重曹水をスプレーするほか、粉をびんに入れて置きます。消臭期限は約3か月。効果がなくなったら掃除に利用。

シンク洗い

重曹をふりかけ、ぬらしたスポンジでこするか、ペースト状にしたものをスポンジにつけて洗います。泡立たないので、さっと流せます。

〔クエン酸水の使い方〕

アルカリ性の汚れ（石けんかす、尿、水アカ、たばこのヤニ、魚の生ぐささなど）は、クエン酸で中和して落とします。用途によって、薄いクエン酸水と濃いクエン酸水を使い分けます。食酢を2〜3倍の水で薄めた酢水も、同様に使えます。

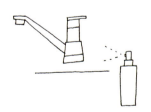

蛇口の水アカ

がんこな水アカには、ペーパータオルをかぶせて薄いクエン酸水をスプレー。さらにラップでおおい、30分おきます。

お風呂のぬめりに

ヌルヌル汚れには、濃いクエン酸水をスプレーして、スポンジでこすります。

においとりに

便器や床には、濃いクエン酸水をスプレー。尿のにおいをとります。

〔掃除の道具〕

汚れを落とすのに、役立つ道具です。重曹やクエン酸と一緒にそろえておきましょう。

● スポンジ
古くなった食器洗い用スポンジをとっておきます。小さめに切ったものは、細かい場所に使いやすい。

● 歯ブラシ
使い古しの歯ブラシを使います。

● 古新聞、ペーパータオル
汚れ落としのための湿布として使ったり、新聞は鏡やガラスの汚れをとったりします。

● メラミンスポンジ
傷をつけずに、しつこい汚れが水だけで落ち、ステンレスのくすみもとります。水栓、冷蔵庫などの外側の汚れに。

● ゴム手袋
掃除専用のものを用意します。

● 割り箸
ガス台の五徳のこびりついた汚れをこそげたり、不用になった布を巻きつけてサッシの溝の汚れをとったりします。

暮らしの豆知識

掃除リストを作ろう

掃除リストを作っておくと、掃除すべき場所がすぐわかります。時間が5分ならリストの1つ、30分なら3〜5つと決めてこまめにすれば、大掃除もいりません。

● キッチン
冷蔵庫　調味料の棚
換気扇　ガス台やIH
食材棚　流し台とその下
電子レンジ　照明
シンク・調理台　など

● リビング
テレビまわり
パソコンまわり
本棚　ソファ
窓　コンポまわり
照明　など

● 各部屋
クローゼット
押し入れ
本棚
引き出し
照明　など

● そのほか
トイレ
洗面所
浴室
ベランダ
玄関・外まわり　など

●竹串
小さく切ったティッシュペーパーを巻いて、すき間や角の細かい汚れをかき出します。

●ラップ
がんこな汚れに湿布をしたとき、上からラップでおおうと、効果がアップします。

●漂白剤（酸素系または塩素系）
ふきんの漂白除菌やごみ受けの除菌に。酸素系は40℃以上の湯に溶かして使います。塩素系は、酸素系洗剤やクエン酸水と絶対に混ぜないように注意します。

●使い古しのタオル
雑巾代わりに。掃除の前に、数枚を一度にぬらして、洗濯機で軽く脱水しておくと、使うたびに洗わずにすみます。

●カットクロス
不用な布、洋服を切ったもの（作り方は下記参照）。使い終わったら捨てられるので、いつでもさっと使えます。

●掃除道具はまとめて
道具はかごなどにまとめておくと、気になったときに、さっと掃除ができます。

暮らしの豆知識

カットクロスを作る

不用な布や服は、大小のカットクロスに。台所や洗面台などあちこちに置いておくと、とても重宝します。

●作り方
1　Tシャツの袖を切ります。袖はわの部分を切って、小さいクロスにします。
2　身ごろの部分を30×30cmに切ります。
3　1枚ずつ折って、ティッシュペーパーや靴の空き箱に入れます。

Tシャツや綿のシャツが向きます。フリースは、ほこり汚れがよくとれます。

〔キッチン〕

ふだんの掃除

1
コンロのバーナーリング、流し台の側面、ガス台まわりの壁の水・油はねを、カットクロスか台ふきんでふきます。調理後、まだ温かいうちにふきとるようにします。

2
シンクを食器用洗剤で洗います。シンクのごみ受けはごみを捨て、歯ブラシやたわしで洗います。できれば排水口も洗います。

3
メラミンスポンジやカットクロスで蛇口を磨きます。ここがきれいだと、キッチンがきれいに見えます。

4
シンクの水気をふきとります。ぬれたままにしておくと、水の塩素でステンレスがくもります。

しっかり掃除

シンク　{ 薄いクエン酸水 }

蛇口まわりにクエン酸水をスプレーします。

スポンジでこすり、細かい部分や溝は古い歯ブラシでみがきます。カットクロスでふきとります。

{ 漂白剤 }

漂白剤を水(酸素系漂白剤なら40℃以上の湯)で薄めた中に、シンクのごみ受け、排水口、排水口の奥のふたなどをつけて除菌します。

除菌後、とりきれなかった汚れは、古歯ブラシでこすりとります。
※塩素系漂白剤とクエン酸水は混ぜてはダメ!

冷蔵庫　{ 重曹水＋酢水　食器用洗剤＋酢水 }

重曹水をスプレーして汚れをふきます。仕上げに、酢水をスプレーしてふきとります。パッキンは竹串や割り箸にカットクロスを巻き、酢水をつけてふきます。

冷蔵庫内のケースをはずして、食器用洗剤で、キズつけないようやさしく洗います。仕上げに酢水をスプレーしてふきとると、雑菌の繁殖を抑えます。

ガス台（五徳）　{ 重曹ペースト }

こびりついた汚れは、割り箸で、こそげとります。

重曹に水を少量混ぜてペーストを作り、スポンジのかたいほうでみがいて少しおき、汚れが浮いたら、水で洗い流します。

汚れがひどい場合は、ごみ袋にぬるま湯を入れて重曹を溶かし（1ℓに大さじ5）、汚れがゆるむまでその中につけおきます。

バーナーキャップの穴が目詰まりすると、炎が不ぞろいになります。竹串など先のとがったものでつついて、汚れをかき出します。

そのほか

電化製品　{ メラミンスポンジ }
電子レンジや冷蔵庫の外側の汚れは、メラミンスポンジでこすります。

水きりかご　{ 濃いクエン酸水 }
水きりかごや受け皿の白っぽいしみには、クエン酸水を多めにスプレーして20〜30分おき、スポンジで洗います。

弁当箱や保存容器　{ 重曹 }
においや油気の残るプラスチック製の容器は、洗いおけに水を入れて重曹を溶かし(水200mlに対し大さじ1の割合)、30分程度つけます。

冷蔵庫のにおい　{ 重曹 }
びんに重曹を粉のまま入れて、ガーゼなどでふたをし、冷蔵庫に置いておくと、消臭剤になります。約3か月有効。効きめがきれたら掃除に。

湯飲み茶碗の茶渋　{ 重曹 }
茶渋や高台の汚れには、重曹をふりかけてしめらせたスポンジでこするか、落ちなければ、メラミンスポンジでこすってからすすぎます。

ざるや茶こし　{ 重曹 }
ざるや茶こしの汚れには、重曹をふりかけて、手でこすります。

〔部屋〕

ふだんの掃除

1
床にあるものはしっかりかたづけて、フローリングの板目にそって、むらなくていねいに掃除機をかけます。

※1か2どちらかだけでもOK。

2
フローリングは水気がにが手です。ふだんの掃除では、使い捨てのドライシートをはさんで使うワイパーで、からぶきします。

しっかり掃除

フローリング 1　{ 竹串 }

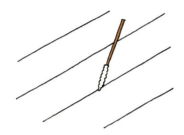

フローリングの継ぎ目にたまった、細かいごみや髪の毛を、綿棒やティッシュペーパーを巻いた竹串でかき出します。

フローリング 2　{ タオル }

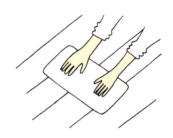

ぬらしてかたくしぼった雑巾やタオル、使い捨てのウェットシートでさっとふきます。窓を開けて、乾燥させながら短時間のうちにすませます。

※フローリングは、時々ワックスをかけると、汚れがつきにくくなります。

窓　{ 新聞紙 }

新聞紙をぬらして丸めたもので、窓の外側を上から下へふきます。汚れが残っていたら、新聞紙をかえてふきます。内側も同様にふきます。

電灯のかさ　{ 重曹水 }

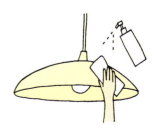

ガラス製のものは、ハタキでほこりを除いてから重曹水をスプレーし、布でふきます。そのあと水ぶきし、乾いた布でていねいにふきます。

〔トイレ〕

ふだんの掃除

1
便器の内側と、ふちの裏をトイレ用ブラシでこすります。日ごろ、こすっておけば、洗剤は必要ありません。

2
水でぬらしてかたくしぼったカットクロスで、便座の表→タンクの側面や便座のふた→便器の外(下)側、便座の裏の順にふきます。

3
タンクの水受けのほこりをカットクロスでふきます。

4
床や壁は薄いクエン酸水をスプレーし、水でぬらしてかたくしぼったカットクロスでふきます。

しっかり掃除

便器まわり　{ 濃いクエン酸水 }
便座の表→タンクの側面や便座のふた→便器の外(下)側と裏の順に、濃いクエン酸水をスプレーし、ぬらしてしぼったカットクロスでふきます。ネジまわりも念入りにふきます。

水面まわりの輪じみ
{ 濃いクエン酸水・重曹 }
トイレブラシを水の中につけ、水を配水管へ押し出すようにして、水位を下げてこすります。がんこな汚れは、トイレットペーパーを2〜3重にはりつけて濃いクエン酸水をスプレー。15分おいて流してから重曹をふってこすります。

消臭剤　{ 重曹 }
重曹をびんに50gほど入れ、好みのエッセンシャルオイルを5滴ほど加えて混ぜます。香りがなくなったら、掃除用に使います。

水洗タンク　{ メラミンスポンジ }
タンクの水受けは、陶器製ならメラミンスポンジ、樹脂製ならスポンジでこすって落とします。ほこりがタンクに入らないようにします。

シャワートイレのノズル
{ 濃いクエン酸水・重曹 }
「ノズルそうじ」ボタンを押してノズルを引き出し、濃いクエン酸水をスプレー。重曹をつけた古歯ブラシで軽くこすり、再度ボタンを押して、水で流します。

〔風呂〕　※換気をしっかりしながら、掃除しましょう。

ふだんの掃除

1
お風呂を最後に使った人は、せっけんカスを冷水シャワーで流します。換気もしっかりしておきます。

2
風呂用スポンジで浴槽、床、壁、浴槽のふたを洗います。入浴のたびにこすっていれば、洗剤は必要ありません。

3
ドアとドアまわりも軽く洗います。見逃しやすいドアの下枠、床や壁との境目や溝の汚れは、古歯ブラシでこすり落とします。

4
洗ったところの水気をふきとります。換気扇を回し、窓やドアを開けて乾燥させます。

しっかり掃除

洗面器・いす　{ 重曹(粉)・薄いクエン酸水 }

ざらざら汚れは、スポンジに直接重曹をつけて、少し強めにこすります。水で流したあと、薄いクエン酸水をスプレーし、水分をふきとります。

天井　{ ドライシート }

天井も意外と汚れています。使い捨てのドライシートをはさんで使う床ふきワイパーでふきます。

パッキン　{ 重曹ペースト }

重曹ペーストを古歯ブラシにつけて洗います。ペーストは、ぬるま湯:重曹を1:3で混ぜますが、汚れがひどければ、湯の量を少なく。

水アカ　{ 濃いクエン酸水 }

鏡や水栓まわり、シャワーヘッドの水アカは、ペーパータオルをあて、濃いクエン酸水をスプレーします。さらにラップでおおい、30分したらスポンジでこすります。

排水口　{ スポンジ・古歯ブラシ }

排水口のトラップをはずして、使い古しのスポンジや古歯ブラシで排水口の中を洗います。

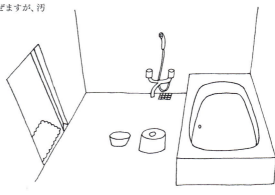

正しく知ってきれいに
洗濯のコツ

洗いあげた洗濯物が、きれいにカラッと乾くと、
とても気分がいいものです。
そんな小さな幸せも、生活を楽しくしてくれます。

上手な洗濯のコツ

洗う前に確認する

絵表示をチェックし、しみはないか、ポケットに何か入っていないかどうかなど、洗う前に確認しましょう。洗ってからの「しまった！」を防げます。

洗濯機まかせにしない

おしゃれ着やワイシャツは脱水時間を短く設定。全自動の洗濯機でもひとくふうすると、しわを防げ、アイロンがけの手間がはぶけます。

風を通して乾かす

くもりの日や室内干しでは特に、風通しが大切です。表面積が広くなるように、ハンガーにかけ、洗濯物の間隔をあけます。

ニットは型くずれに注意

セーターやニットは、干すときに、型くずれしたり、腕の部分がのびたりしやすいので、平干しにするか、ハンガーを上手に使って干します。

洗濯をする

洗濯機で洗っただけでは、汚れがすっきり落ちていないことがあります。
下洗いやしみ抜きの方法、そして、しわを防ぐ干し方などを覚えましょう。

〔洗濯前の下洗い〕

えりやそでの皮脂汚れ

古歯ブラシに固形せっけん(または洗濯用洗剤)をつけ、少しの水でぬらします。

えりやそでの汚れを軽くこすります。

靴下のひどい汚れ

ぬるま湯に5分ほどつけておいてから、泥汚れをもみ洗いします。

靴下に固形せっけんをつけ、もみ洗い後、ぬるま湯で落とします。

しみを見つけたら(部分漂白)

液体の酸素系漂白剤と重曹を1:1で混ぜます。重曹を混ぜると、濃度がついて漂白剤が広がりにくく、漂白力が強くなります。

綿棒に左の酸素系漂白液をつけ、服の目立たないところにつけて色落ちしなければ、しみをおおうように塗ります。10分おき、水洗いします。

暮らしの豆知識

しみをつけたときの対処法

洋服にワインをこぼしたり、トマトソースがはねたりしたら、その場で応急処置をしましょう。そのあと早めにしみ抜きをすることで、漂白剤に頼らずきれいに落とせます。

応急処置

こぼしたときは、ぬれぶきんでふかない・こすらないのがポイントです。

ワインやしょうゆなど水気のあるものは、乾いたナプキンやティッシュで両面からはさんで、移しとります。汚れがつかなくなるまで、ナプキンをかえてとります。

カレーや口紅、くだものなどの固形物は、こすらず、乾いたナプキンやティッシュでつまみとります。

家に帰ったら

下に布やタオルを敷き、古歯ブラシや布などに、汚れに合わせた洗剤類（下記）をつけてたたき、汚れが布に移らなくなるまで移しとります。

もんで水ですすぎます。それでも落ちなければ部分漂白（P.44「しみを見つけたら」）をします。

水性の汚れ・水油性の汚れ
→食器用洗剤を薄める

紅茶、コーヒー、ワイン、しょうゆ、ソース、マヨネーズ

油性の汚れ
→メイククレンジング剤

バター、チョコレート、ファンデーション、口紅

〔絵表示をチェック〕

 洗濯機で洗えます。数字は洗濯液の上限の温度。これを超えると、色落ちや縮みが発生しやすくなります。

 中性洗剤で手洗いします。洗剤や洗濯機のコースによっては、洗濯機で洗えます。

 水洗いはできないというマーク。ただし、衣料の素材や洗い方などによっては、水洗いできるものもあります。

 ドライクリーニングができるという意味ですが、ドライクリーニングでなければならないということではありません。

〔洗濯物を分類する〕

色落ちしやすいもの、汚れのひどいものは、原則、分けて洗います。濃い色のものを初めて洗うときは、色移りを防ぐために、白いものと分けます。さらに、下着やストッキング、デリケートな衣類は、ネットに入れます。

〔すすぎ・脱水のコツ〕

パリッと仕上げる

着心地はやわらかく、でもパリッと仕上げたいワイシャツ、ブラウスは、すすぎのときに柔軟仕上げ剤＋少量の洗濯のりを加えます。脱水は30秒ほどにすると、アイロンがけがらくです。
※洗濯のりが使用できない洗濯機の場合は、脱水後、洗いおけを使います。

タオル脱水

デリケートな下着や、旅行中の脱水は、乾いたタオルに洗濯物をのせて、端からタオルをくるくると巻いて、水気を吸いとります。

〔しわを防いで干す〕

脱水し終わったらすぐに洗濯機から洗濯物をとり出します。ふりさばき、しわをのばします。

軽くたたみながら、形をととのえておくとしわが防げます。このとき、洗濯ハンガーに干すもの、ハンガーに吊るすものを分けると効率的。

〔いろいろな干し方〕

風通しをよくするため、洗濯ハンガーには、外側に短いもの、内側に長いものを干します。下着は内側に干し、目につかないようにします。

洗濯物は、ずらして風通しをよくし、日のあたる面を広くすると、よく乾きます。

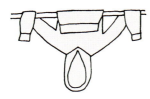

フード付きのパーカーは逆さに干します。重なりがなくなり、風が通るので早く乾きます。

ハンガーにかける場合は、ハンガーを2つ用意し、フードをもうひとつのハンガーにかけます。重ならないので乾きやすい。

ジーパンは裏返し、ファスナーをあけて、風を通します。ポケットの袋部分を外に出して、ウエスト部分を上にして吊るします。

靴下は、ゴムの部分を上にして干します。下にすると、重くなってゴムがのびてしまいます。

〔部屋干しのくふう〕

部屋いっぱいに洗濯物を干すと、乾きにくく、においの原因になります。洗濯はこまめにしましょう。

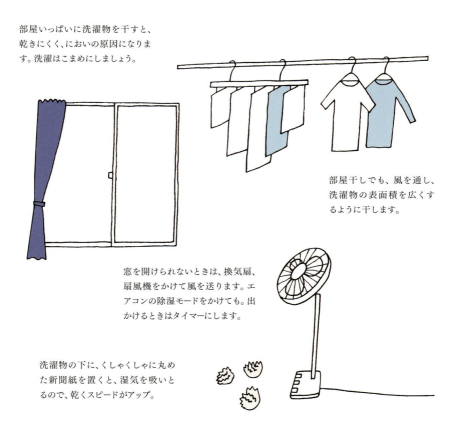

部屋干しでも、風を通し、洗濯物の表面積を広くするように干します。

窓を開けられないときは、換気扇、扇風機をかけて風を送ります。エアコンの除湿モードをかけても。出かけるときはタイマーにします。

洗濯物の下に、くしゃくしゃに丸めた新聞紙を置くと、湿気を吸いとるので、乾くスピードがアップ。

〔部屋干しのにおいを防ぐには〕

においの原因は、洗濯物が生乾きのときに繁殖する菌によるもの。一度にたくさん干すと乾きにくくなるので、洗濯物はためないようにします。また、洗剤に液体の酸素系漂白剤を少し混ぜて、ぬるま湯で洗うと、効果的です。

セーター・ニットの手洗い

セーターやニットも、家でふんわりきれいに洗えます。
型くずれを防いで、すっきり洗いあげるコツを学びましょう。

洗えるもの

これらの絵表示がついた、ウール100％、アクリル混紡のもの。

洗えないもの

アンゴラ、モヘア、レーヨン素材のほか、レースや刺しゅうの細かい装飾、しわ加工、エンボス加工などがされているもの。

使用する洗剤

中性〜弱アルカリ性のおしゃれ着用洗剤を使用します。洗浄力がおだやかで、デリケートな衣類を洗うのに向きます。

1
25〜30℃のぬるま湯を、セーターの重量の10倍、5ℓくらい用意し、表示どおりの分量の洗剤を溶かします。

2
セーターをたたみ、1に入れます。全体を押して、持ち上げるを3〜4回くり返します。しみがあれば、洗剤をつけたスポンジで軽くたたきます。

3
ぬるま湯の中でたたんだまま手前から巻いて小さくし、15〜20秒洗濯機で脱水します。

4
洗いおけの水をかえ、2回すすぎます。洗ったときと同様に3〜4回、押して持ち上げ、約30秒脱水。脱水しすぎないように注意します。

まいにちの家事 ● 洗濯のコツ

〔干す〕

たたんでから、手のひらで軽くたたいてしわをのばし、形をととのえます。
また、直射日光にあてると色あせや黄変するので、陰干しします。

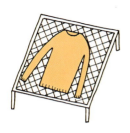

型くずれを防ぐために、あれば専用の平干し台を使います。

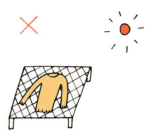

色あせや黄変を防ぐために、陰干しします。

ハンガーを使うなら

ハンガーの中央から左右へタオルを巻きます。セーターの身ごろを2つ折りにしてハンガーにかけ、そでをハンガーにかけます。

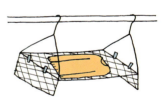

大きめのネットを2本のハンガーに渡し、洗濯ばさみでとめます。ハンガーを物干しざおに固定し、セーターをネットに置きます。

そのほかの方法で干す

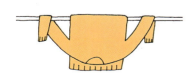

そでを物干しざおに互いちがいに掛けて、落ちないように干します(のばさないように注意)。半乾きになったら、形をととのえ、ハンガーで干します。

お風呂のふたにバスタオルを敷き、セーターを広げて干します。裏が乾きにくいので、途中で表裏を返します。

ダウンジャケット・小物の手洗い

ダウンジャケットは、クリーニングに出すものと思いがちですが、表面が洗える素材なら、手洗いできます。

〔ダウンジャケット〕

洗えるもの

綿、ポリエステル、ナイロン、アクリル製のもの。

1
えりやそでなど、汚れが気になるところは、水を少し含ませたスポンジに、おしゃれ着用洗剤をつけて軽くたたきます。

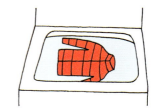

2
浴槽か洗濯機を洗いおけ代わりにして水をはり、洗剤を溶かします。ジャケットをつけてやさしく2～3回、押し洗いします。水を抜きます。

3
20秒脱水し、新しく水を入れて2回、2と同様に押し洗いしてすすぎます。巻いてしぼって、30秒脱水（長時間の脱水は×）。形をととのえます。

4
羽毛がかたまっているので、軽くほぐしながらならして、ハンガーにかけて陰干しします。型くずれが気になるなら、平干しにします。

5
乾いたら、表と裏から手ではさんで、たたきながら羽毛をととのえます。

6
さらに2～3日部屋の中で、時々羽毛をほぐしながら干して、しっかり中まで乾かします。

〔革の手袋〕

洗えるもの　表地が革、裏地はアクリル、ポリエステル、合皮のもの。

洗えないもの　バックスキン、スエード、ボアつき、ベルトや飾りつきのもの。

1

水2ℓにおしゃれ着用洗剤を表示どおり（約小さじ1）溶かします。手袋を手にはめて、洗剤液につけ、手と手をこするように洗います。

2

そっと手袋をはずし、手袋の中に洗剤液を出し入れして中も洗います。水をかえて2〜3回、すすぎます。

3

柔軟仕上げ剤を表示どおりに入れた水に、手袋をひたします。軽くつかみ洗いするようになじませます。

4

両手で押してしぼり、使い古しのタオルにはさんで、水気をとります。

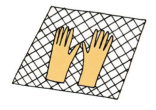

5

指の部分をそろえ、かご（網目のあるプラスチックの小物入れなど）や網の上で陰干しします。

6

半乾きのときに、布にもみこんだハンドクリームを薄く塗り、手にはめて、均一につけます。完全に乾いたら、よくもみほぐし、やわらかい布でふいて、つや出しします。

〔日傘〕

洗えるもの 木綿や麻のもの。

洗えないもの 晴雨兼用のもの(洗えないこともないが、耐水性が落ちる)。

1

浴室で傘を広げて、約30℃のシャワーで全体をぬらします。内側を洗うときは、逆さまにして、洗面器にのせます。

2

ぬるま湯1ℓにおしゃれ着用洗剤を表示どおり溶かし、風呂用ブラシやスポンジで内側→外側の順にやさしく洗います。

3

約30℃のシャワーで両面をすすぎます。タオルでふきます。

4

骨の継ぎ目にラップをはさみ(さびを防ぐ)、広げて干します。乾いてきたらラップをとります。防水スプレーをかけます。

〔トートバッグ(布製)〕

1

ブラシやスポンジに中性洗剤をつけ、汚れの部分をたたきます。

2

ぬらしてしぼった布でふきます。乾かします。

美しく仕上げる
アイロンがけ

しわのない、パリッとしたシャツを着ると、
背筋が伸びて、一日中気分よく過ごせます。
ひと手間かけたときの、喜びを感じましょう。

アイロンがけのコツ

アイロンは
いきなりかけない

アイロン台に衣類を置いたら、両手で生地をなじませるようにします。裏側にうっかりしわを作ってしまうことがなくなります。

ドライアイロンと
スチームアイロンを使い分ける

しわがのびにくい綿や麻は、たっぷり霧を吹き、ドライアイロンをかけてパリッと仕上げます。一方、ウールのしわをのばすとき、セーターの形をととのえたいときは、スチームアイロンを使います。

アイロンを持っていないほうの
手をいかす

アイロンを持っていないほうの手(右ききなら左手)で、布を引っ張ってのばしながらかけると、きれいに手早くできます。

アイロンは一方向へ動かす

アイロンは何度も行き来したり、左右にふったりしながらかけると、しわの原因になります。いつも一方向に動かすようにします。

シャツのアイロンがけ

シャツは、アイロンがけの基本です。
慣れると、短時間で美しく仕上げられるようになります。

〔アイロンをかける順番〕

1 左そでカフス（裏→表）
2 左そで（あき部分上→下）
3 えり（裏）
4 右そで（左そでと同様に）
5 えり（表）
6 ヨーク
7 後ろ身ごろ（裏→表）
8 前立て、前身ごろ

※アイロンをかけた直後は、熱や湿気でしわがつきやすいので、すぐにたたまず、ハンガーに吊るします。

全部にアイロンをかける時間がないときは、目立ちやすいえり、カフス、前身ごろを中心にアイロンをかけます。

準備

全部のボタンをはずします。綿100％のシャツは、霧吹きで全体を充分に湿らせます。

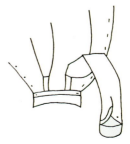

アイロン台の左寄りに、シャツのえりを手前（えり裏面を上）にして伏せて置きます。

1 左そでカフス（裏→表）
カフスを広げて裏側を出し、片手で生地をのばしながら、右から左にかけます。表もかけます。

2 左そで（あき部分上→下）
そで下の縫い目をそろえてしわをのばし、そでのあきより上をかけます。カフスの端同士を合わせ、タックを作ってあき止まりのまわり部分をかけます。

3 えり（裏）
中央に移動し、えりの形をととのえます。片手で引っ張りながら、左右それぞれ端から中心に向かってかけ、台えり（えりを立たせる土台）もかけます。

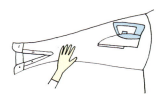

4 右そで
シャツをさらに右に移動させ、左そでと同様にかけます。

5 えり（表）
えりの両端を持ち、表に返します。えりの表を軽く押さえるように3と同様にかけます。

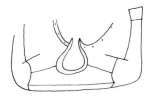

6 ヨーク
後ろのヨークの縫い線より4～5cm下で折り返し、えりは立てます。アイロンの先を使って、細かくしっかりかけます。

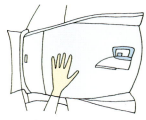

7 後ろ身ごろ（裏→表）
肩を持ち、えりを左、すそを右に置きます。前身ごろを開き、内側からヨーク下をかけます。タックは、アイロンの先を入れて軽く押さえます。

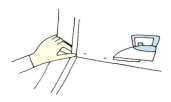

8 前立て、前身ごろ
えりを立て、前立てをそろえます。片手で第1ボタンを持って、引っ張りながら、前立てにかけます。前身ごろに、一方向に向かってかけます。

スカートのアイロンがけ

スカートは丈を3つに分け、回しながらかけるのがポイントです。
※濃い色の綿やウールの衣料などテカリが出やすい素材にかけるときは、あて布をします。
※ウールの場合は裏にはかけず、スチームアイロンにして、表にあて布をして押さえるようにかけます。

1
裏にして、ファスナーまわりにアイロンをかけます。丸みがあって、かけにくい場合は、中にタオルを入れます。

2
スカートを回しながら、ベルトまわりをかけます。

3
表にします。濃い色の綿やウールの衣料などテカリが出やすい布には、あて布をし、ベルトまわり、タックやダーツを押さえながらかけます。

4
丈の長さをだいたい3等分に分け、上$\frac{1}{3}$はベルト方向にアイロンを動かし、スカートを回しながらかけます。

5
スカートの上下を入れかえ、まん中$\frac{1}{3}$はすそに向かってかけます。

6
最後に下$\frac{1}{3}$を、すそを軽く押さえながら、スカートを回しながらかけます。すそだけは伸びないようにしながら、横方向にかけます。

パンツのアイロンがけ

パンツは、裏にあるポケットの袋布にきちんとアイロンをかけておくと、ぴしっと決まります。
※濃い色の綿やウールの衣料など、テカリが出やすい素材にかけるときは、あて布をします。
※ウールの場合は裏にはかけず、スチームアイロンにして、表にあて布をして押さえるようにかけます。

パンツを裏返し、脇の縫い目にアイロンをかけます。

ポケット全部にアイロンをかけ、下にタオルを入れてファスナーまわりをかけます。ポケットの袋布をめくって、腰まわりをかけます。

裏にしたまま、後ろの腰まわりをかけます。

表にします。腰の部分、ファスナーまわり、ポケットを軽く押さえながらかけます。

脚の部分を2本そろえて重ね、下になるほうの内側から1本ずつかけます。センターラインのあるものは、ラインをつけます。

タオルを入れて、腰の丸みを出すようにととのえます。

気軽に始める

お 裁 縫

ほつれたスカート、とれかかったボタンは、
時間を見つけて、繕っておきましょう。
ひと針ひと針縫うことで、ものを大切にする心が芽生えます。

きれいに縫うためのコツ

布地と糸の色を合わせる

糸の色が布地の色と違うと、意外に目立ちます。すそ上げ用の糸を買うときは、服を持って行くと間違いがありません。

縫う前にしっかり準備を

ボタンつけなら、位置を確認して印をつける、縫い物なら、布のしわをのばすなど、縫う前の準備が肝心です。

縫い目をそろえる

縫い目の長さをそろえると、きれいに見えます。慣れないとむずかしいものですが、何度も縫っているうちにできるようになります。

縫ったらアイロンをかける

縫いあがったとき、ひとつの工程が終わるたびにアイロンをかけると、仕上がりが美しくなります。

縫い方とボタンつけ

基本の縫い方とボタンつけは、日ごろよく使うので、
正しい方法を身につけると役立ちます。

〔糸と針〕

縫い糸
ポリエステル・木綿・麻には木綿糸、ウールには絹糸を。色は布地に合わせ、ない場合は同系色で少し濃いめの色にします。

縫い針
一般的な厚みの布なら、7、8番のものを使います。針の長さはいろいろありますが、使いやすい、好みのものを選びます。

〔並縫い〕

表と裏の縫い目がそろった、
基本的な縫い方です。

1
玉結びをして、針穴に糸を通します。

2
針を裏から表に出します。布は、左右に引っ張るように持ちます。2〜3mmほど先に針を刺し、布をすくうようにして表に出して糸を引きます。くり返します。

〔まつり縫い〕

表 / 裏

表には小さな縫い目しか見えないので、
スカートやパンツのすそ上げに。
きれいに仕上げるためには、布をまち針で
とめたり、しつけをしておきます。

1
すそ上げする部分を3〜4cm折り返し、さらに縫い代を5mmほど折ります。

2
糸が目立たないように、表布を少しすくい、4〜7mm先の折り山をすくいます。

3
表布と折り山を一緒にすくってもかまいません。最後は折り山の裏で玉どめをします。

4
表には小さな縫い目しか見えません。

〔ボタンつけ（2つ穴）〕

 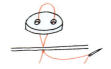 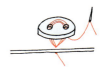

1
とれたボタンの上下のボタンをとめ、位置を決めます。つける位置のまん中に印をつけます。

2
玉結びした糸を、1の印に出るように裏から表に出し、ボタンの穴に通します。片側の穴に通し、印のところに刺します。

3
ボタンを軽く浮かせて糸を引っ張り、糸足（ゆるみ）を作ります。同様に2～3回糸を通します。

  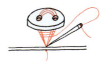

4
表に出した糸を、穴に通さずに、糸足に3回くらい巻きつけます。

5
糸の輪を作り、中に針を通します。巻いた糸がゆるまないようにしっかり引いてしめます。

6
糸足の根元に針を刺し通し、裏に出します。玉どめをし、糸を切ります。

●4つ穴のボタンの場合
2つ穴ボタンと同様に、平行に糸を渡します。
糸をクロスさせると、糸が重なった部分がこすれて弱くなります。

暮らしの豆知識

予備ボタンがないときは

胸やえりまわりのボタンがなくなってしまうと、婦人服のデザインはさまざまなので、同じボタンを見つけるのはむずかしいものです。そんなときは、同じ大きさの似たようなボタンを買い、目立ちにくい、いちばん下のボタンとつけかえます。ボタンをなくさないためには、まとめて箱に入れておくか、服の内側の見えないところ（洗濯表示タグなど）に縫いつけてしまいましょう。

作ってみましょう

縫い方の基本を覚えたら、
かんたんな小物づくりに挑戦してみましょう。

〔さらしで作るハンカチ〕

さらしで作ったハンカチは、吸水性抜群。縫うところが少ないので、
あっという間に作れます。たくさん作って、お客さま用のおしぼりにしても。

●材料（1枚分）
さらし (34×70cm)‥‥1枚
縫い糸
（好みの色の太口の手縫い糸、
ミシン糸など）

さらしは肌着や腹巻に使われ
てきた、綿100％の布。
50cm長さに切って端を揃えば、
だしをこしたり、野菜の水をき
ったりできる料理用ふきんとして
使えます。

●作り方
1　さらしは縮むので、洗って乾かし、アイロンをかけます。
2　端がほつれないように両端を1cm折り、
　　アイロンか手でしっかり折り目をつけます(a)。
3　折った端が中にくるように、2つ折りにします(b)。
4　下から3cm、右から3cmくらいのところをそれぞれ並縫いします。
5　糸の色をかえて、端から5mmほど内側をぐるりと並縫いします(c)。

a
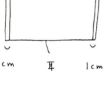

b

c
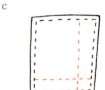

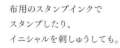

布用のスタンプインクで
スタンプしたり、
イニシャルを刺しゅうしても。

〔キッチンクロスで作るバッグ〕

A4サイズが入るバッグは、近所へのちょっとした買物や
図書館に持って行くのにちょうどいいサイズ。お気に入りのキッチンクロスでどうぞ。

●材料（1枚分）
キッチンクロス（45×60cm※）　1枚
リネンテープ　35cm×2本
縫い糸
※サイズが異なる場合は、カットするか、
そのまま使って、違うサイズに作っても。

●作り方
1　キッチンクロスは、表が内側になるように半分に折ります(a)。
2　横1辺と底を縫い代1cmで並縫いします(b)。
　（かたくて縫いにくい場合は、縫い代より内側を縫います。）
3　リネンテープの端を1cmほど折り、左右のバランスを見ながら、
　袋の口にまち針でとめます。折り返したテープの内側をぐるりと四角く縫っ
　てとめます(c)。裏返します。
★キッチンクロスにタグがついていれば、表につけかえるとアクセントになります。

a

b

c

キッチンクロスの本来の用途は
食器ふき。柄や色がさまざまな
ので、小物づくりにも使えます。
麻のクロスは洗うと縮みますが、
独特の風合いが出ます。

column 弐

おいしい日本茶で、ちょっとひと息

上手にいれると、うま味のあるまろやかな味になります。
家事がすんだら、おいしいお茶とお菓子でひと息つきましょう。

[日本茶（煎茶）のいれ方]

おいしい煎茶をいれるには、押さえておきたいコツがあります。

湯の量
1人あたり、
60mlくらいが
ちょうどいい

湯の温度
70〜80℃

茶葉の量
1人あたり、
2〜3gです

浸出時間
1〜2分

沸とうした湯を少しさました、70〜80℃の湯で2分程度むらすことで、お茶のうま味成分「テアニン」が引き出されます。きれいな緑色をした、おいしいお茶がいれられます。熱い湯でいれると、黄色っぽく、渋みのあるお茶になります。

2せん目をいれるときは

2せん目は濃く出がちです。急須に湯をそそぎ、ふたをしたあと、むらす時間は10秒と短くします。

そのほかのお茶をいれる場合

種類	湯の温度	浸出時間
新茶	60℃	2分
玉露	50〜60℃	3分
ほうじ茶・番茶	100℃	30秒

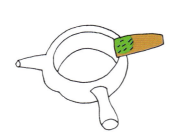
①急須に湯を入れて温め、湯を捨てます。人数分の茶葉を急須に入れます。1人分は2〜3g。

②茶碗に沸とうした湯を7〜8分目までそそぎます(湯温を下げ、茶碗を温めます)。

③茶碗の湯を急須に入れます。

④ふたをして1〜2分待ちます。ここで急須をゆらす必要はありません。

⑤濃さが均一になるよう、茶碗にそそぎまわします。

⑥急須に湯が残っていると、2せん目以降の味が悪くなるので、最後の一滴までそそぎきります。

〔日本茶に合うおいしいお菓子〕

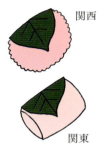

春

桜もち

桜の葉の香りが春を感じさせ、ほんのりとした塩気が、あんの甘さを引き立てます。関西では道明寺粉、関東では小麦粉の皮の桜もちが主流。

夏

水ようかん

通常のようかんよりも水分を多くして作られるため、ふるふるとやわらかく、すっと溶ける口あたり。涼しさを演出してくれます。

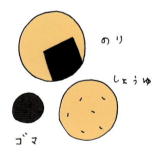

秋

せんべい

お茶とおせんべいは切っても切れない縁。ごま入りやざらめなどいろいろありますが、定番はしょうゆ味。このときばかりは、大きな音を立てて食べましょう。

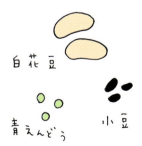

冬

甘納豆

小豆、白いんげん、大福豆、白花豆など色とりどりの豆がかわいらしく、つまんでいると、寒い季節も楽しい気分になります。でも、食べすぎにはご用心！

Chapter 2

すっきりと暮らす、
かたづけと収納

暮らしやすい
かたづけの知恵

ものがあふれていると、気持ちも不思議にだらけます。
必要なものを、必要な場所にしまいましょう。
部屋をかたづけると、毎日の暮らしもすっきりと、快適になります。

かたづけと収納の心得

使ったらすぐしまう

散らかるいちばんの原因は、使ったものがそのまま出しっぱなしになっているから。使い終わったら、すぐにしまうことを徹底しましょう。

必要なものを見分ける

収納場所がたりない場合、いきなり収納用品を買うのではなく、今あるもの自体が、本当に必要かどうか考えてみましょう。

使う頻度で収納する

出し入れがらくでなければ、しっかり収納しても不便なだけです。使用するときのことを考え、毎日使うものと、使わないものをより分けましょう。

ものを増やさない

ものを整理して、きちんと収納できたら、なるべくものを増やさないようにしましょう。必要なもの以外は、もらったり買ったりするのをひかえましょう。

STEP 1　持ちものを見直す

ものがあふれて困るのは、ものを持ちすぎているから。
生活スタイルを見直すと、本当に必要なものがわかります。

1 自分の生活スタイルを知ろう

ふだんどんな生活をしているのか、毎日の生活でいちばん時間を使っていることを書き出します。

2 かたづけ時間、収納法を考える

これからどんな時間の使い方をしたいか、かたづけにどれくらい時間をかけられるかを書き出し、自分にできる収納法を考えます。

3 ものの優先順位、適した収納場所を決める

服や本、食器、趣味のものなど、家にあるものをジャンル分けし、優先順位をつけます。処分するものや収納場所を決められます。

小さい子どものいる、共働き主婦の場合

あふれがちなもの …… 食器、子どものもの、本、雑誌、お菓子の道具、レジャー用品

①生活スタイル
毎日、仕事と家事、子育てで精いっぱい。ものが増えてあふれている。

②かたづけ時間、収納法
かたづけには、あまり時間をかけたくない。必要なものがすぐとり出せて、しまえる収納にしたい。

③ものの優先順位、適した収納場所
子どものもの ＞ 調理道具・ふだん使いの食器 ＞ お菓子の道具 ＞ レジャー用品
ものの多いキッチンは、ふだん使いの食器や道具を残し、ほかは別の場所に。
お菓子の道具は離れた場所にしまうか、減らす。
子育てでしばらく使わないレジャー用品は、ゆずるか処分。

STEP 2　処分する3つのタイミング

いらないとわかっていても、いざ処分するとなると、迷いが出てむずかしいものです。処分のタイミングを知って、ものをためこむのを防ぎましょう。

1 その場で ……レシート・ダイレクトメール

食品や日用品などの買物のレシートは、家計簿に記入したら、その場で捨てます。クレジットカードの使用分は、明細をチェックし、家計簿に記録し、破って捨てます。不用なダイレクトメールは家に入ったらすぐにごみ箱へ。

2 あふれたら ……服・靴・食器・本

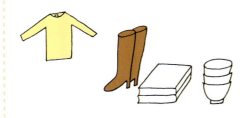

新しいものを買う前に、今ある着ない服、かけやひびが入った食器、読まない本は処分。高かったもの・新品同様なのに、しまってある時間のほうが長いものなら、人にあげるかリサイクル店へ。

3 過ぎたら ……家電の説明書・服の予備ボタン・年賀状

家電を買い替えたら説明書、服を処分したら予備ボタンは捨てましょう。年賀状は翌年の年賀状を準備するときに、住所変更のチェックをして捨てます（シュレッダーにかけるか破る）。とっておきたい年賀状は、専用ファイルを作ります。

STEP 3 　収納するときのポイント

ものを減らし、増やさないコツがわかったら、さっそく収納しましょう。

1　よく使うものを最優先

収納の基本は「出しやすくしまいやすい」こと。そのためには、一緒に収納していたものから、さらによく使うものだけを選びます。
同じ引き出しに入れるものでも、よく使うものは目につくようにそのまま、あまり使わないものは、袋に入れてメモし、よく使うものの下に入れても。

2　少ない動きで出し入れする

収納で大事なのは、動線を意識すること。たとえばキッチンなら、調理のときに、いちばん長く立っている場所はシンク前や調理台なので、そこからなるべく動かず、手が届いてすぐとり出せる場所が、「よく使うもの」の指定席になります。

3　安全も考える

動線と同時に、ものの重さも考えます。落下時やとり出すときのことを考え、上のほうには軽いもの、下のほうには重いものを入れます。上に置いたものは下から見えにくくなるので、ラベルをはったり、取っ手をつけたりなどのくふうをします。
たとえば、大鍋や缶詰などは下に、保存容器や乾物のストックは上に置きます。

STEP 4　ものを増やさないためのルール

ものが増えるのは、ものを買ったり、ためこんだりしてしまうためです。
自分なりのルールを決めて、ものが増えるのを防ぎましょう。

〔もらわない〕

おまけ
粗品の食器や保存容器は、すでに家にあったり、趣味に合わないものが多いもの。捨てる罪悪感より、断る勇気をもちます。

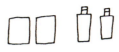

サンプル
化粧品のサンプルは、旅行用にと、とっておいても実際は使いにくいもの。もらわないか、すぐに使います。

〔買いすぎない〕

ティッシュや洗剤
安売り時に買いだめしがち。使い始めの日をメモし、使いきる期間を一度調べましょう。買物の際の参考になります。

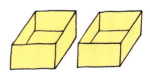

収納用品
収納用品やかごは、それがまた邪魔なものになります。すでにある収納場所におさまるものだけで暮らすようにします。

衝動買いの商品
店で見て、ほしくなってすぐ買ったものほど、あとで後悔することが多いものです。買わずに帰って、考える時間をもちましょう。

食品
空腹時にスーパーに行くと、手軽に食べられるお菓子に手がのびがちです。空腹のときは、買物前に何か食べてから出かけましょう。

収納のアイディアいろいろ

どう収納したらよいかわからない細かいものだけでなく、
毎日使うものも、ちょっとしたくふうで収納しやすく、使いやすくなります。

〔キッチン小物〕

よく使うものは、とり出しやすさ、使いやすさを優先します。

見える収納
よく使う道具は、道具立てに収納。ガラス製だと中の汚れがすぐわかります。吊るしても。

保存容器は透明に
透明な保存容器なら、中身がひと目でわかり、食べるのを忘れた！ということがありません。

保存容器はふたも一緒に
ふたと容器を別に収納すると、とり出す手間が増えます。かさばっても、一緒に収納します。

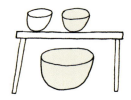

コの字ラックの棚
シンク下のスペースは、100円ショップの棚を活用すれば、上のスペースも使えます。

文房具を活用
鍋ぶた、トレー、角ざるなどは、書類ケースを利用して、立ててしまいます。

扉の裏面にも収納
フックをつけてミトンを吊るしたり、空き箱を両面テープではって、ラップ入れにしたりします。

形をそろえる

ボール、ざる、トレーなどは同じ種類のサイズ違いを購入し、重ねられるようにします。

クッキーの型

いろいろな形のクッキー型は、箱にまとめて入れておきます。

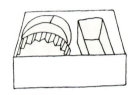

お菓子道具はひとつに

お菓子道具は、大きさや形がばらばらなので、箱にまとめて収納。製菓材料もまとめます。

毎日使うもの

毎朝使うコーヒー豆や、シリアルなどは、かごに入れて見ばえよく。出しっぱなしでもOK。

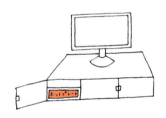

ホットプレート

食卓で使うホットプレートやカセットコンロは、ダイニングやリビングの棚に収納しても。

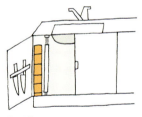

すしおけ

すしおけは、場所をとるので、シンク下につっぱり棒を支えにし、立てて収納します。

ごみ袋はごみ箱に

ごみ袋のストックはごみ箱の底にいつも入れておくと、ごみを出したあとにすぐセットできます。

布類専用の引き出しを

キッチンで使うタオルやエプロンは、布専用の引き出しをつくって、たたんで収納します。

〔食器〕

詰めこみすぎは、割れや欠けの原因にもなるので、ゆとりをもって収納します。

ゆとりをもって収納
食器の収納は、左右は両手が入るくらい、上部は皿1枚分以上のゆとりをもたせます。

同じ皿は重ねる
何枚も一度に使うカレー皿、とり皿などは、まとめて重ねると、一度にとり出せます。

季節ものは別の場所に
正月や夏だけに使う器は、箱に入れ、押し入れに保管すれば、場所をとりません。

食器は家族分+2
割れたときに中途半端な枚数になると使いづらいので、家族の数+2枚買っておくと便利。

客用もふだん使いに
お客さま用に買った皿も、しまいこまずにふだん使いにすると、毎日の暮らしが豊かになります。

ブランドをそろえる
同じブランドの器を選べば、いろいろなデザインを買っても統一感が出ます。

●●●
暮らしの豆知識

手づくり収納ケース

シンク上の吊り戸棚は、とり出しにくく、ごちゃごちゃしがちです。
ビールの空き箱を使って、引き出し式の収納ケースを作ってみましょう。
いすや踏み台を使わずにらくにとり出せます。

●材料
350㎖・24本入りの缶ビールの空き箱／ひも／ガムテープ

●作り方

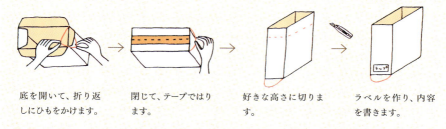

底を開いて、折り返しにひもをかけます。

閉じて、テープではります。

好きな高さに切ります。

ラベルを作り、内容を書きます。

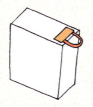

底にひもをガムテープではるだけでも可。

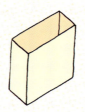

見ばえが気になるなら、箱にきれいな紙や布をはります。

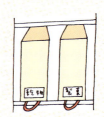

吊り戸棚の棚板を全部はずせば、高さはそのままで使えます。

●ビールの空き箱のそのほかの使い方

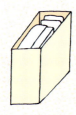

ばらばらになりやすい保存容器を入れて。

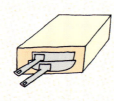

横に倒して、フライパンを重ねて収納。

キッチン道具だけでなく、ブーツの収納にも。

かたづけと収納 ● かたづけの知恵

〔食品〕

賞味期限がわからないものほどたまりがち。
いつも目に入って、使いやすいようにくふうをします。

使いかけはラフに収納
使いかけの乾物類は、中が見えるケースに入れ、手近なところに置きます。

ストックの食材は定位置に
買いおきのものは、開封・未開封にかかわらず、決まった場所に置きます。少なくなったら補充。

冷凍するときはメモを
冷凍するときは、保存袋に日づけと内容をメモし、冷蔵庫のボードなどにも記入します。

冷蔵庫は週1でチェック
冷蔵庫の中は、1週間に一度はチェックし、残り野菜を使いきってから買物に行きます。

冷蔵庫内はトレーを活用
常備菜、乳製品などはトレーにまとめると、一度にとり出せて、家族にもわかります。

調味料はまとめておく
よく使う調味料は、ひとつのケースに入れます。調理前にケースごと出せば、効率的です。

〔本・小物類〕

大切な書類や、散らかりがちな小物は、
ルールを決めておくと、すっきりかたづきます。

かごを活用
読んでいる途中の本、雑誌はひとつのかごで出し入れし、散らからないようにします。

切り抜きは分類する
雑誌の切り抜きは料理、旅、健康など大まかにジャンル分けし、書類フォルダーに入れます。

見直して潔く捨てる
雑誌の切り抜き、包み紙、リボンなどは、半年ごとにしっかり見直して、潔く処分します。

本は定期的にチェック
本はすぐたまるので、半年ごとにチェックし、きれいなうちに、古書店に持って行きます。

保険証券はわかりやすく
保険の証券類は、大判ファイルにインデックスをつけて、家族にもわかるようにします。

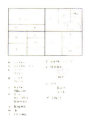

見取り図を作成
押し入れの収納は、何をどこに入れたかわかりにくいので、見取り図を作ります。

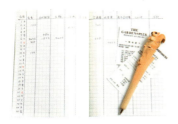

レシートはすぐ処分
レシートは引き出しに入れ、家計簿に記入後、カード払い分は、明細をチェック後、破って処分。

写真は日づけを記入
写真はとりあえず、裏に年月日を記入してまとめておきます。時間ができたら、アルバムに整理。

ハンガーは返却
クリーニングのハンガーはすぐにたまるので、引きとったその場で返却します。

紙袋は枚数を決める
洋服やお菓子を買ったときの紙袋は、たまってしまうので、10枚までと決めて処分します。

暮らしの豆知識

かたづけ上手さんの心がけ

ほんのちょっとの心がけで、
部屋をいつもきれいな状態に保つことができます。

ごみ出し前日に10分の確認
ごみ出し日の前日には、小物やレシートの入った引き出しを整理します。10分で終わるように集中し、いつも何がどこに入っているか把握します。

手ぶらで移動しない
リビングからキッチン、脱衣所など、部屋を移動するときは、飲み終わったグラス、洗濯後のタオルなど、持って行くものはないか確認します。

寝る前5分のかたづけ
朝起きたときや、家に帰ったときに部屋が散らかっていると、気分が悪いものです。寝る前にさっとかたづければ、いつも気持ちよくいられます。

テーブルにはものを置かない
ダイニングテーブルの上がゴチャゴチャしていると落ち着かないもの。できるだけ何も置かないようにします。

〔家族のもの〕

自分がいくらがんばっても、家族が散らかせば、なかなかかたづきません。
ちょっとしたくふうで、きれいが維持できます。

とりあえずの箱
家族1人分ずつ「とりあえずの箱」を作り、いっぱいになったら、かたづけてもらいます。

家族ファイル
家族ごとにファイルを分け、関係書類を1冊ずつにまとめます。必要な情報もすぐにとり出せます。

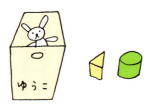

かたづけタイムを設定
寝る前や食事前など毎日決まった時間に、かたづけタイムを設定。家族みんなでかたづけます。

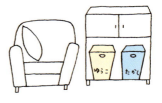

リビングに収納スペース
各自の部屋があっても、家族はリビングに集まるので、リビングに家族の収納棚を設けます。

子どもの作品
子どもの絵や作品は、子どもにひと言聞いてから、デジカメに撮ってCDに保存し、処分します。

子どものものは棚に
子ども用の棚を用意し、すべてしまいます。扉をなくすと、小さい子でもかたづけがしやすい。

ワードローブの整理と収納

衝動買いや流行の変化などで、服やバッグ、靴はどんどんたまっていきます。
限られたスペースをいかす、整理と収納の方法を知りましょう。

［年2回のチェックで整理しよう］

どんなに安くても、高いものでも、着ない服はむだなもの。
年2回、衣替えのときに、手持ちの服を見直してみます。
よく着る好きな服と、ほとんど着ない服がはっきり分かれるはずです。

着ない理由

●サイズが合わない
小さくなったものは、たとえダイエットに成功してもそのときには流行遅れに。大きすぎるものは着心地が悪いので、今後も着ないでしょう。

●しみや汚れ
しみ抜きの手間をかけるほどでなければ、思い入れの少ない服のはず。

●コーディネートしにくい・流行遅れ
持ち越してもかまいませんが、2年間着ていない服は、おそらくこれからも着ることはありません。

［処分する］

服を処分するには勇気がいります。つい部屋着にと思いがちですが、
リラックスするときこそ、着心地のいい服を着たいものです。
カットクロスにする、ほしい人にあげる、リサイクルやフリーマーケットに出すなどして、
思いきって処分すると、クローゼットがすっきりして、気持ちもすっきりします。

〔着まわししやすい収納法〕

吊るす収納

外出着はしわを防ぎ、とり出しやすくするために、吊るす収納が向いています。
服をぎゅっと寄せたときに、10cm以上のすき間ができるくらいの状態が理想的です。

● かける順番

順番を決めておくと、忙しいときも迷わずに服選びができます。
とり出したハンガーは元の場所にもどすと、また同じ場所にすぐしまうことができます。

中央…よく着る服
両側…着る頻度の低い服
（フォーマルな服、スーツ、
おしゃれ用のワンピースなど）

収納スペースがせまい人は、丈
の短いものから長いものの順で
吊るすと、短いものの下に収納
ケースを置けます。

Point　ハンガーを使い分ける

ハンガーは服に合わせて4種類を使い分けます。
それぞれ同じハンガーをそろえると、すっきりしてむだなスペースがなくなります。

コートは肩の部分に幅がある、しっかりしたもの　　スカートはクリップのついたもの　　シャツは服の肩幅に合わせた細めのもの　　すべりやすいワンピースは、すべり止めのついたもの

たたむ収納

デニムやカジュアルなパンツ、ニット、カットソーは
たたんで引き出しに立てて収納します。

column 2

花の飾り方レッスン

たとえ一輪でも、花を飾ると、部屋が華やいで、気分が明るくなります。
切り花をすてきに飾って、長く楽しむコツをお教えします。

〔水揚げ〕

水揚げをすると、花が水を充分に吸っていきいきとし、長もちします。
花によってやり方は違いますが、ほとんどの花に有効な水揚げの方法（水切り）です。

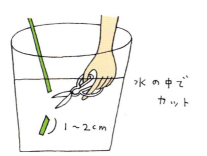

水の中でカット
1〜2cm

バケツなどに水（あまり冷たくないほうがよい）を
たっぷり入れ、茎を水につけます。
水の中で、根元から1〜2cmのところを斜めに切ります。
よく切れるはさみを使いましょう。
枝ものは、縦に切りこみを入れると、
吸水しやすくなります。

茎の長さの半分ほどが水につかるようにし、
そのまま1時間ほどおくと、さらにいきいきします。

〔飾るときのポイント〕

水につかる部分の葉を とり除く

花瓶に生けるときは、葉が水につかっていると、水も葉もいたみやすくなるので、除きます。

直射日光・直風を避ける

花は熱や乾燥に弱いので、風通しがよく、直射日光があたらない場所に飾ります。エアコンの風があたるところも避けましょう。

花がいたんでいたら、 とり除く

1本だけ枯れたり、茎がいたんだりしたものがあったら、すぐにとり除き、水もかえます。

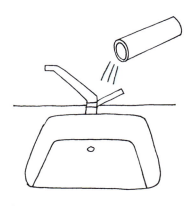

毎日水をかえる

冬場なら1日1回、夏場なら朝と晩に2回かえ、茎を少しずつ切ると長もちします。無理なら、市販の延命剤を入れても。

〔切り花の飾り方アレンジ〕

ダイニング
食卓には、オレンジや黄色の鮮やかな色合いの花が似合います。茎を短く切って、水に浮かべても。

キッチン
ハーブ類のほか、にんじんやだいこんのへたの部分を水につけて葉を育てても。手入れがらくで、料理にも使えます。

玄関
家に帰ったときに花が迎えてくれると、ほっとした気分になります。ミニブーケや庭の花を彩りよく飾って。

トイレ
一枝だけでも一輪挿しに飾ると、雰囲気がやわらぎます。観葉植物や道端の草（猫じゃらしなど）を切って飾ってもすてきです。

Chapter 3

季節を楽しむ、
幸せレシピ

みんなで味わう
外ごはん

春や秋は、過ごしやすい季節。
天気のよい休日は、外でお弁当を広げましょう。
好きな人と食べる、外ごはんの味は格別です。

外ごはんを楽しむコツ

前日準備で、あわてない

当日の朝に、持って行くすべての料理を作るのは大変です。肉に下味をつける、デザートを作るなど、前日にできることはやっておくと、朝、あわてずにすみます。

市販品も活用

時間がなければ、市販品も活用しましょう。ちょっとしたおそうざいや、おいしいチーズ、デザートをプラスすると、お弁当の楽しみが広がります。

必要なものは忘れずに

家にあるのに、あわててコンビニに駆けこむのは、もったいないこと。食器やウェットティッシュ、ごみ袋などはまとめて用意しておきましょう。

パンとワインで楽しむ
お花見弁当

心浮き立つ桜の季節。花の見ごろは少しの期間だから、
おいしいパンとワインに合う、手間なしランチを持って出かけましょう。

menu

グリルチキン

レバーペースト

野菜スティック

フルーツのリキュールマリネ

チーズ

パン

前日にできる準備

● 材料を準備する

● グリルチキンのとり肉に下味をつける

フォークで皮に穴をあける　　身に切りこみを入れる　　調味料をすりこむ

● フルーツのリキュールマリネを作っておく

フルーツの実をとり出す　　はちみつと好みのリキュールをかける

グリルチキン

●材料（2人分）
とりもも肉‥‥1枚(300g)
A ┌ にんにく(すりおろす)‥‥5g
　│ タバスコ‥‥小さじ1
　│ しょうゆ‥‥小さじ2
　│ 黒こしょう‥‥少々(多めに)
　└ 塩‥‥少々

●作り方　1人分292kcal
1　Aは合わせます。
2　とり肉の皮にフォークで穴をあけます。身に2～3cm間隔で、切りこみを入れます。Aをすりこみ、30分以上おきます。（前日の夜からつけておいても）
3　グリルで、2を焼き色がつくまで、約5分ずつ両面を焼きます。ひと口大に切ります。野菜(材料外)も一緒に詰めて。

レバーペースト

●材料（4～5人分）
とりレバー‥‥150g
にんにく(みじん切り)‥‥½片(5g)
たまねぎ(薄切り)‥‥¼個(50g)
バター‥‥5g
A ┌ 塩・こしょう‥‥各少々
　│ ブランデー‥‥小さじ1
　└ ローリエ‥‥1枚
B ┌ 生クリーム‥‥大さじ2
　│ マスタード‥‥小さじ1
　│ バター‥‥10g
　└ レモン汁‥‥小さじ1

●作り方　全量で442kcal
1　レバーはひと口大に切り、2～3回水をかえて洗います。水気をふきます。
2　フライパンにバター5gを溶かし、中火でにんにく、たまねぎをいためます。
3　たまねぎがしんなりしたら、レバーを加え、色がかわるまでいためます。Aを加えてふたをし、2～3分蒸し煮にし、火を止めます。ローリエを除き、あら熱をとります。
4　3とBをクッキングカッターに入れ、なめらかになるまでかけます。
5　器に入れ、ピンクペッパー小さじ1(材料外)をのせます。冷蔵庫で30分以上冷やし固めます。パンにのせて食べます。

冷蔵庫で2日、冷凍庫で約2週間保存できます。

野菜スティック

●材料（2人分）
きゅうり‥‥½本
セロリ‥‥½本(50g)
にんじん‥‥50g
だいこん‥‥100g
塩(あら塩)‥‥適量

●作り方　1人分24kcal
1　きゅうりは縦に4等分します。セロリは筋をとります。にんじん、だいこん、セロリは6～7cm長さの棒状に切ります。
2　塩をつけて食べます。

フルーツのリキュールマリネ

●材料（2人分）
グレープフルーツ‥‥1個
オレンジ‥‥1個
はちみつ‥‥大さじ1
好みのリキュール※‥‥大さじ2
※コアントロー(オレンジのリキュール)、ホワイトキュラソー、ブランデーなど。

●作り方　1人分120kcal
1　くだものは皮をむき、一房ずつ果肉をとり出します。
2　保存容器に入れ、はちみつとリキュールをかけます。

〔おいしい市販品もとり入れて〕

パン
バゲットならどんな料理にも合います。

チーズ
くせのないカマンベールやブリー、ワインに合う青カビのチーズも定番。

おそうざい
キッシュや野菜のマリネなど、1〜2品はお店のデリをテイクアウトしても。

ワイン
冷やさなくてもいい赤ワインがおすすめ。

ジュース
飲めない人なら、おいしいジュースを用意。

おやつ
最後はやっぱり甘いもの。つまめるマカロンやキャンディを。

おなかいっぱい
秋のピクニック弁当

過ごしやすい秋は、外ごはんが気持ちいい。
親子で公園に出かけてひと汗かいたり、山歩き。そんなときにぴったりのボリュームのあるお弁当です。

menu

ごちそうおにぎり
かりかりフライドチキン
野菜のベーコン巻き
かんたん煮もの
卵焼き
ぶどうゼリー

前日にできる準備

● 材料を準備する

● かりかりフライドチキンのとり肉に下味をつける

とり肉に調味料をもみこむ

● ぶどうゼリーを作っておく

アガーと砂糖を混ぜる

鍋で煮溶かす

型に流し入れる

幸せレシピ ● 外ごはん

ごちそうおにぎり

●材料（4個分）
甘塩ざけ ‥‥小1切れ
梅干し ‥‥1個
しその葉 ‥‥3枚
いりごま（白）‥‥大さじ½
温かいごはん ‥‥300g
塩 ‥‥少々
焼きのり ‥‥1枚

●作り方　1個分171kcal
1　のりは1枚を縦4等分にします。
2　さけは両面を焼き、骨と皮を除いてほぐします。梅干しは、種を除き、包丁でたたきます。しそはせん切りにして、水にさらします。
3　温かいごはんに2とごまをさっくり混ぜます。4等分します。
4　手に水と塩をつけ、1個ずつにぎります。のりを巻きます。

かりかりフライドチキン

●材料（3人分）
とりもも肉（から揚げ用）‥‥200g
A ┌ 酒 ‥‥大さじ½
　│ しょうが汁 ‥‥小さじ1
　│ 塩 ‥‥小さじ⅙
　└ こしょう ‥‥少々
B ┌ 小麦粉 ‥‥大さじ1
　│ とき卵 ‥‥½個分
　└ 水 ‥‥大さじ1
コーンフレーク ‥‥40g
揚げ油 ‥‥適量

●作り方　1人分347kcal
1　とり肉にAをもみこみ、15分ほどおきます。
　　（前日の夜からつけておいても）
2　1にBを合わせた衣をつけてから、コーンフレークをまぶします。
3　揚げ油を170℃（中温）に熱し、2を揚げます。
　　サラダ菜（材料外）を添えます。

野菜のベーコン巻き

●材料（4個分）
ベーコン ‥‥2枚
さやいんげん ‥‥2本
エリンギ ‥‥小1本
サラダ油 ‥‥少々
つまようじ ‥‥4本
塩・こしょう ‥‥各少々

●作り方　1個分46kcal
1　いんげんは4〜5cm長さ、エリンギは縦4等分にします。ラップをして電子レンジで1〜2分加熱します。
2　ベーコンは半分に切ります。
3　1を4つに分けてベーコンで巻き、巻き終わりをつまようじでとめます。
4　フライパンに油を温めて3をころがしながら焼き、塩、こしょうをふります。

かんたん煮もの

●材料（3〜4人分）
冷凍さといも ‥‥200g
にんじん ‥‥60g
こんにゃく ‥‥1/3枚
ちくわ ‥‥小1本
A [だし ‥‥カップ1
しょうゆ ‥‥大さじ1
砂糖・みりん ‥‥各小さじ1

●作り方　1人分71kcal
1 こんにゃくはひと口大に切り、さっとゆでます。水気をきります。
2 にんじん、ちくわは乱切りにします。
3 鍋にAを合わせ、1、2、さといもを入れて、
   汁気がなくなるまで約10分煮ます。

※多めに作ったほうが作りやすく、おいしい。持っていく分量は減らしても。

卵焼き

●材料（3人分）
卵 ‥‥3個
A [だし ‥‥大さじ3
砂糖 ‥‥小さじ2
みりん ‥‥小さじ1
塩・しょうゆ ‥‥各少々
サラダ油 ‥‥少々

●作り方　1人分94kcal
1 Aは合わせます。卵はボールに割り入れ、
   泡立てないようにほぐします。Aを混ぜます。
2 卵焼き器に薄く油をひき、1の1/3量を流して
   半熟になったら手前に巻いて奥によせます。
   これをあと2回くり返します。
3 ペーパータオルの上にとり出し、形をととのえます。
   6等分します。

ぶどうゼリー

●材料（直径5cmの型8個分※）
ぶどうジュース
（果汁100％）‥‥200㎖
アガー※※ ‥‥大さじ1
砂糖 ‥‥30g
水 ‥‥150㎖
レモン汁 ‥‥少々
さくらんぼ（缶詰）‥‥8個
※作りやすい分量なので、多めにできます。
※※ゼラチンではなく、アガーを使うと、
室温で時間がたっても溶けません。

●作り方　1個分36kcal
1 ぶどうジュースは電子レンジで約1分、人肌に温めます。
   さくらんぼは水気をきります。
2 アガーと砂糖をよく混ぜます。分量の水を入れた鍋にだまにな
   らないようにかき混ぜながら少しずつ入れます。
3 2を火にかけ、かき混ぜながらよく溶かします。軽く沸とうしたら、
   火を止めます。ぶどうジュース、レモン汁を加え、よく混ぜます。
4 3を型の七分目まで手早く流し入れ、さくらんぼを入れて冷や
   し固めます。

幸せレシピ●外ごはん

〔外ごはんに持って行きたいもの〕

レジャーシート、大きめの布
ビニールのシートでもよいのですが、使い古しのテーブルクロスなど大きめの布だと、雰囲気が出ます。下に新聞紙を敷いても。

ブランケット
春や秋は、日が落ちると、急に肌寒くなることがあります。風邪をひかないように、用意しておきましょう。

マイ食器
使い捨て食器は便利ですが、環境のためにも洗ってまた使える食器を用意しましょう。

ペーパーナプキン
皿を華やかにするために、好みの柄を数枚だけ。気持ちが楽しくなります。

ステンレスポット
お湯を入れて、ティーバッグやインスタントスープの素を持って行けば、温かい飲みものが飲めます。

ブレッドボード＆ナイフ
パンやくだものを切ります。

ウェットティッシュ
やっぱりあると便利。

ごみ袋
ごみ袋として使う以外に、かたづけのとき、洗いものや汚れものなどを、まとめて入れられます。

カットクロス
着なくなったTシャツやタオルなどを切ったもの（P.35）。食器の汚れをふきとります。

タオル
万が一、雨にぬれた場合にあると安心。レジャーシートの上に敷いても。

日焼け止めや虫よけ
日差しは強くなくても、紫外線はふりそそいでいます。

それでは行ってきます！

幸せレシピ ● 外ごはん

しみじみ味わう

玄米と雑穀

各種ミネラル、ビタミン、食物繊維が豊富な玄米や雑穀。
毎日の食事にとり入れるのは、思っているよりずっとかんたんです。
まずは、ひとさじの雑穀を加えることから、体にやさしい食生活を始めましょう。

玄米・雑穀の種類

ひとくちに雑穀といってもさまざまな種類があり、栄養や味もいろいろです。
体調や好みに合わせて、選んでみましょう。

玄米
米のいちばん外側のもみ殻だけをとり除いたものです。ぬか層(種皮部分)と胚芽が残っているので、ビタミンやミネラルが豊富です。

黒米
古代米の一種。ぬか層に抗酸化作用をもつアントシアニンを含んでいるため、黒っぽい色です。もち米なので炊くともっちりと、ねばりが出ます。

赤米
黒米と同様に古代米の一種。赤い色は、抗酸化作用のあるカテコールタンニンを含んでいるためで、多少のにが味があります。

ひえ
冷害に強く、「冷えに耐える」から"ひえ"とつけられたそうです。体を温める効果があります。さめるとパサつくので、使うときは注意します。

あわ
もっちりとしていて、くせのない味わいです。鉄分は白米の6倍、ビタミンB_1は約2倍含まれています。抗酸化作用があり、美肌効果があります。

きび
コクと甘味があり、もちやお菓子の原料にもなります。いり卵のようなもっちりとした口あたりから、エッグミレットともいわれます。

押し麦
丸麦を食べやすいように蒸して、ローラーで押しつぶしたもの。麦とろや雑炊、スープやサラダにも使います。

アマランサス
カルシウムは白米の32倍、食物繊維は約15倍、鉄分は約12倍含み、スーパーグレイン(驚異の穀物)といわれます。香りに多少くせがあります。

雑穀入りごはんの炊き方

白米や玄米の1〜2割程度を、いつものごはんを炊くときに加えます(水はやや多めに)。
雑穀は粒が小さいので、米とは別に茶こしに入れて、水の中ですすぎ、
米と一緒にふつうに炊きます。

自分好みの、雑穀ブレンド

好みや目的に合わせて、雑穀をブレンドして、
いつもの白米や玄米に混ぜて炊いてみましょう。雑穀の楽しさが味わえます。
※米カップ2～3に混ぜる分量です。

もちもちブレンド
黒米のプチプチとした食感と色合い、
もっちり感で、いつものごはんと趣がかわります。
ごま塩をかけて食べるとおいしい。

黒米 ‥‥ 大さじ2
あわ ‥‥ 大さじ2

さっくりブレンド
色白の雑穀を合わせると、見た目も食感も
白米と似ているので、雑穀がにが手な人も食べられます。
おにぎりにしても。

ひえ ‥‥ 大さじ2
押し麦 ‥‥ 大さじ2
白ごま ‥‥ 大さじ2

きれいブレンド
栄養満点のアマランサス、肌あれやしみに
効果があるといわれる、はと麦などをブレンド。
毎日食べられるさっぱりとした味わいです。

アマランサス ‥‥ 大さじ1
はと麦 ‥‥ 大さじ1
きび ‥‥ 大さじ1

土鍋で玄米ごはんを炊く

圧力鍋がなくても、土鍋を使うと、
ふっくらおいしく炊けます。

●材料（2合分）
玄米‥‥米用カップ2（360㎖・300g）
水‥‥540～650㎖（米の量の1.5～1.8倍）

玄米は表皮がかたいので、白米より
多めの水に、長めにつけます。

●作り方
1 玄米は水の中でこすり合わせるように洗います(おがみ洗い)。
  水をかえながら2〜3回くり返し、水気をきります。
2 分量の水を加えます。やわらかめが好きな人は多めにします。
  2時間からひと晩(7〜8時間。夏場は冷蔵庫に)つけます。
3 ふたをして、沸とうするまで中火にかけます。
4 沸とうしたらごく弱火にし、吹きこぼれないよう注意しながら約40分炊きます。
  最後に5秒強火にして、水分を飛ばします。火を止めます。
5 炊きあがったら、10〜15分むらし、しゃもじで軽く混ぜます。

1

2

3・4

5

炊飯器で炊く

炊飯器に「玄米炊きモード」があれば、それで炊きます。
(手持ちの炊飯器の取扱説明書に従ってください)
ない場合は、ひと晩水につけておき、ふつうに炊きます。
炊きあがった玄米がかたければ、少し水をたして、もう一度炊飯ボタンを押します。

幸せレシピ ● 玄米と雑穀

のんびりコトコト
豆を煮る

豆を煮るコツはたった2つ。
気楽に、気長に。
じっくり時間をかけて豆を煮るゆとりが、生活にうるおいを与えます。

豆の種類

豆は多めに煮て、冷凍しておけば、すぐに使える便利な食材。
良質のたんぱく質もたっぷりです。

大豆
とうふや納豆の材料で、日本人にとってなじみ深い豆です。豆の中でもたんぱく質が多く、カルシウムが豊富です。大豆イソフラボンは、体内に入ると、女性ホルモンに似た働きをします。

いんげん豆
ひとくちに「いんげん豆」といっても、おなじみの白いんげんのほか、金時、うずら豆、とら豆などたくさんの種類があります。海外では主食としても食べられています。

あずき
あんの材料としてよく使われる豆です。粒の大きいものを「大納言」といいます。赤飯で使われる「ささげ」は大角豆とも書き、あずきとは別の品種です。

ひよこ豆
くちばしのような突起があるのが特徴で、ガルバンゾとも呼ばれています。ほっこりとした食感で、カレーに入れたり、ペースト状にしてコロッケなどにしたりして使われます。

青大豆を煮る

時間のある日は、豆をコトコト煮てみましょう。ゆでたての、ほんのり温かい豆の味は格別で、心もほっこりするはず。手軽に使える青大豆で、まずは始めましょう。

●材料（作りやすい分量）
青大豆‥‥300g
水‥‥1ℓ

保存期間：冷蔵で3〜4日、冷凍で約1か月

青大豆は粒が大きく、ふつうの大豆より甘みもあります。ゆで時間が短いので初めての人にも向いています。

●作り方
1 青大豆は軽く洗います。
2 厚手の鍋に入れ、分量の水を入れてひと晩(7〜8時間)おきます。
3 そのまま火にかけます。沸とうしたら、火を弱めアクをとります。
※アクがたくさん出てくるので、しっかりとります。
4 豆が水から出ないように、ふつふつとしている状態を保ったまま、約30分ゆでます。やわらかくなったら、火を止め、さまします。

2

3

4

ひたし豆に

だしカップ2、酒・みりん各小さじ2、うすくちしょうゆ大さじ½を煮立て、ゆでた豆の半量を温かいうちにつけ、そのままさまし、半日くらいおきます。調味料につけたまま冷凍可(保存約1か月)。

洋風料理に

いつものサラダに加えれば、気軽に食べられます。また、ゆで汁と豆をミキサーにかけ、牛乳や豆乳を加えて調味すると、ポタージュスープになります。

●●●
暮らしの豆知識

余熱で豆を煮る

大豆など、煮る時間の長い豆は、火からおろして余熱で煮れば、ほうっておくだけでできあがり。余計なエネルギーもかかりません。

●作り方
1〜4まで青大豆と同様に煮ます。
4の煮る時間は豆によってかわりますが、食べてみて、食べられるけどまだかたいなという程度がめやすです。
鍋を2日分の新聞紙で包み、さらにブランケットでくるみます。
5〜6時間おきます。まだかたいようなら、さらに煮ます。

四季の手づくり
ジャムと保存食

ジャムや保存食は、季節の恵みを
長く楽しむための、昔からの知恵。
素材の旬を逃さずつくって、おいしさを常備しましょう。

ジャムと保存食づくりのコツ

旬の素材を使う

ジャムづくりでは特に、熟したものを使うことが大切です。まろやかで風味よく仕上がります。

水気をふく

くだものや野菜を洗ったあとは、水気をしっかりふきましょう。水気が残っていると、いたみやすくなります。

清潔な容器で小分け保存

いたみを防ぐために、よく洗って乾かした清潔な容器に小分けにして保存します。また、1か月以上保存したいときは、容器を消毒します（P.117参照）。

Spring
いちごジャム

春も半ばを過ぎると、形がふぞろいのものや小粒のいちごが出回ります。値段も手ごろで、ジャムにぴったり。

●材料（約450g・400ml分）
いちご‥‥2パック（500g）
砂糖‥‥150〜200g
（いちごの重さの30〜40％）
レモン汁‥‥大さじ1

保存期間　冷蔵で約3週間

●作り方
1　いちごは洗ってへたをとり、ホーローかステンレスの鍋※に入れます。
　　砂糖を混ぜて、10〜20分そのままおいて、なじませます。
2　レモン汁を加え、中火にかけます。沸とうしてきたらアクをとり、弱火にします。
　　20〜30分、時々混ぜながら煮ます。
3　へらで鍋底に1の字を描き、鍋底が一瞬見えるくらいのとろみがついたら火を止めます。
　　熱いうちに保存びんに入れます。
※くだものなどの酸に強いホーローやステンレス製、フッ素樹脂加工の鍋を使います。
アルミ製の鍋は避けます。

1

2

3

〔びんの消毒〕

アルコール消毒

容器をきれいに洗い、消毒用アルコールをスプレーして、そのまま乾燥させます(ふきとりません)。耐熱性でない容器にも向きます。

煮沸消毒(耐熱性のびん・ふたに)

鍋底にふきんを敷き、びんとふたを入れます。たっぷりの水を入れて沸とうさせ、火を弱めて約10分静かに沸とうを続けます。清潔なふきんの上にとり出し、さかさにふせ、自然乾燥させます。

Summer
トマトのジャム

まっ赤に熟したトマトを使った、かわり種ジャム。
甘すぎず濃厚な味わいで、全粒粉やライ麦のパンに合います。

●材料（約250g・200㎖分）
完熟トマト‥‥700g
砂糖‥‥150g
（トマトの重さの約20％）
レモン汁‥‥大さじ2

保存期間：冷蔵で約2週間

●作り方
1 トマトは熱湯にさっとくぐらせ、冷水にとって皮をむきます。横に切ります。種とへたをとり、ざく切りにします。
2 ホーローかステンレスの鍋にトマトの半量を入れ、中火にかけます。混ぜながら汁気がほとんどなくなるまでしっかり煮つめます。
3 残りのトマトを入れ、再び汁気がなくなるまで煮つめます。
4 砂糖とレモン汁を加え、4～5分煮て、へらで1の字を描き、鍋底が一瞬見えるくらいのとろみがついたら火を止めます。熱いうちに保存びんに入れます。

トマトにはペクチンがないのでとろみがつきにくく、そのため、しっかり煮つめます。砂糖が少ないので、早めに食べましょう。

サマーフルーツのブランデー酒

Summer

6月にいつもの梅酒を漬けたあと、7月にあんずやネクタリンが出回ったら、びんに加えます。香りよく、飲み口のいい、夏の恵みの果実酒です。

●材料（できあがり量約1ℓ）
青梅‥‥400g
あんず※‥‥200g
ネクタリン※‥‥200g
氷砂糖‥‥400g
ブランデー※※‥‥900mℓ
※ソルダムやプラムなどでも
※※ホワイトリカーでもできます

●作り方
1 青梅は洗い、へたを竹串でとります。
2 1粒ずつ水気をふきとります。
3 保存びんに梅、氷砂糖、ブランデーを入れます。風通しのよい、日のあたらない場所に置きます。
4 1か月ほどして、あんずやネクタリンが出回ったら、梅と同様に洗ってふき、3に加えます。

2～3か月後から飲めますが、半年以上おくと、よりまろやかになります。1年以上おく場合は、梅とくだものをとり出します。

Autumn
干しきのこ

カラッとした秋晴れの日は、干し日和。
うま味がぎゅうっと凝縮するので、炊きこみごはんやパスタにするとおいしい。

●材料（約50g分）
しいたけ‥‥1パック(100g)
しめじ‥‥1パック(100g)
まいたけ‥‥1パック(100g)
エリンギ‥‥1パック(100g)
えのきだけ‥‥1パック(100g)
糸（裁縫用またはたこ糸）
つまようじ‥‥1本

きのこは、好みのものを使います。
保存期間：冷蔵で約4週間（保存袋か密閉容器に入れる）

●作り方
1 しめじとえのきだけは、根元を少し落とします(全部落とすとばらばらになる)。小房に分けます。まいたけも小房に分けます。しいたけは石づきを落とし、2〜4つに切ります。
　エリンギは長いものは半分に切り、7〜8mm幅に切ります。
2 つまようじの上部(へこみ部分)に糸を結び、きのこに通して、ひと結びします。
　同様に、5cmほど間隔をあけて通していきます。
★エリンギやしいたけは竹串で穴をあけ、糸を通します。しめじやえのきは、根元に糸を引っかけるようにして結びます。
3 洗濯ハンガーに糸を吊るして、よく晴れた日に外に5〜6時間干します。
　その後、室内で2〜3日干します。きのこがカラカラになったらできあがり。糸からはずします。
※糸を通して吊るすのがめんどうならば、ざるに重ならないように広げて干しましょう。

2 エリンギは竹串でまず穴をあけてから、そこに糸を通します。

2 しめじの根元に糸を引っかけるように通し、ひと結びします。

3 洗濯ハンガーに吊るして干します。

アレンジレシピ

干しきのこのペペロンチーノスパゲティ

●材料(2人分)
干しきのこ ‥‥カップ1(約15g)
A [にんにく(みじん切り) ‥‥1片(10g)
　　赤とうがらし(小口切り) ‥‥1本
スパゲティ ‥‥160g
スパゲティのゆで汁 ‥‥カップ¼
オリーブ油 ‥‥大さじ2

●作り方
1人分449kcal
1 2ℓの湯に塩大さじ1(材料外)を入れ、スパゲティを表示どおりにゆでます。ゆで汁はとりおきます。
2 フライパンにオリーブ油とAを入れ、弱火でいためます。香りが出たら、干しきのこを加えていため、ゆで汁を加えて弱火で1〜2分煮ます。
3 スパゲティの水気をきって2に混ぜます。好みでしょうや粉チーズ(材料外)をふります。

Autumn
いちじくジャム

とろりとしたやさしい甘味が人気のジャム。
プレゼントにしても喜ばれます。よく熟したもので作りましょう。

● 材料（約350g・300㎖分）
いちじく‥‥5個（約500g）
砂糖‥‥150〜200g
（いちじくの重さの30〜40％）
レモン汁‥‥大さじ1

保存期間：冷蔵で約3週間

● 作り方
1 いちじくは皮つきのまま熱湯に入れ、すぐに冷水にとります。
2 皮をむきます。4つ割りにして、1cm厚さに切ります。
3 ホーローかステンレスの鍋に2を入れ、砂糖を混ぜて約10分おき、
  なじませます。レモン汁を加え、中火にかけます。
4 沸とうしたらアクをとり、弱火にします。時々混ぜながら、
  20〜25分煮つめます。へらで1の字を描き、
  鍋底が一瞬見えるくらいのとろみがついたら火を止めます。
  熱いうちに保存びんに入れます。

1

2

4

スコーンの作り方

● 材料（8個分）
A ┌ 薄力粉‥‥180g
  │ ベーキングパウダー‥‥小さじ2
  │ きび砂糖‥‥大さじ1
  └ 塩‥‥ひとつまみ
バター※‥‥30g
牛乳‥‥110〜120㎖
打ち粉（薄力粉）‥‥少々
※1cm角に切り、
冷蔵庫でかたくしておく

● 作り方
1個126kcal

1 Aをクッキングカッターに入れ、3秒ほどかけます。
  バターを加え、バターがあずき（約5㎜角）くらいの
  大きさになるまでかけます。
※クッキングカッターがなければ、Aを合わせてふるい、バターを小さく切って入れ、
スケッパーで切り混ぜます。手でもむようにして、生地がパラパラになるまで混ぜます。

2 ボールにとり出し、牛乳を少しずつ加えて、ゴムべらで
  練らないように混ぜます。ひとまとめにします。

3 打ち粉をふった台にとり出し、20回ほど折りたたむようにこねます。
  ベタつくなら、ラップで包み、冷蔵庫で冷やします。
  約2cmの厚さにめん棒でのばし、直径約5cmの型で抜きます
  （抜いた側面にさわらないようにすると、きれいにふくらみます）。
  抜いた残りの生地も、まとめてのばし、型で抜きます。

4 オーブン皿にオーブンシートを敷いて3を並べ、
  上面に照り用の牛乳（材料外）をひと塗りし、
  190℃のオーブンで約20分焼きます。

Winter
ゆず酢

ゆずをたくさんもらったり、家でとれたりしたら、保存できるゆず酢を作りましょう。鍋ものや焼き魚など、冬の食卓で役立ちます。

●材料（約150mℓ分）
ゆず※‥‥3個（500〜550g）
酢‥‥ゆずのしぼり汁と同量
※皮を使った残りでも。

保存期間：冷蔵で約3週間

●作り方
1 ゆずは洗って、ペーパータオルで水気をよくふきとります。
2 果汁をしぼります。
3 果汁をこして、分量をはかります（3個で約75mℓがとれます）。びんに入れます。
4 果汁と同量の酢を3に加えます。

しょうゆを少したせば、
ぽん酢しょうゆに

Winter
ジンジャーシロップ

冷え性対策にうれしい、しょうがとスパイスをたっぷり使ったシロップです。漬けておくだけで作れるので、毎日飲めます。

※上の写真は倍量作っています。

●材料 (シロップのみ約200㎖分)
しょうが ‥‥100g
きび砂糖※ ‥‥100g
水 ‥‥カップ¼
はちみつ ‥‥大さじ2
好みのスパイス
(ローリエ1枚、クローブ2〜3粒、シナモン1本、赤とうがらし1本など) ‥‥適量
※きび砂糖を使うと、シロップが茶色く色づきます。ふつうの砂糖なら黄金色に。

保存期間：冷蔵で約3週間

●作り方
1 分量の水をわかし、火を弱めます。きび砂糖を入れて煮溶かします。はちみつを加えてよく混ぜます。
2 しょうがはよく洗ってふき、皮ごと薄切りにします。びんに入れます。
3 1を2にそそぎ、スパイスを加えます。冷蔵庫に入れます。ひと晩おいたころから飲めます。

飲むときは、シロップを湯や牛乳、炭酸水で割って飲みます。

column ③

手づくり入浴剤を楽しむ

キッチンにある材料を使って、肌にやさしい入浴剤を作りましょう。
体をしっかり温めると、一日の疲れがとれます。

[いろいろな入浴剤]

※万一、肌に合わない場合は、すぐ使用を中止しましょう。

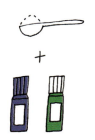

塩＋エッセンシャルオイル（精油）

塩の発汗作用＋各精油の効果が期待できます。

●作り方
あら塩大さじ1に、
好みのエッセンシャルオイル1〜3滴を加えて
よく混ぜます。
湯に入れて、かき混ぜます。

お風呂におすすめのエッセンシャルオイル

●ラベンダー
やさしく、清潔感のある香りです。リラックス効果がとても高いので、疲れたときにおすすめ。

●ゼラニウム
甘くてフレッシュな香りです。ホルモンのバランスを整える作用があり、肌にいいオイルです。

●ベルガモット
かんきつ系のすっきりとした香り。やる気を出させてくれるので、気分が落ちこんだときに。

重曹

重曹の成分は温泉と同じ炭酸水素ナトリウム。
さっぱりします。

●作り方
重曹をひとつかみ湯に入れ、
よくかき混ぜます。

ミント

スーッとした香りで、暑い夏におすすめです。

●作り方
葉約30gを風通しのいい、日のあたらないところで
乾燥させ、入浴剤袋(P.128)に入れます。
浴槽に熱い湯を少し張り、20分ほどひたします。
そのあと、ふつうに湯を入れます。

みかんの皮

香りがよく、リフレッシュ効果があります。

●作り方
みかんの皮10個分を風通しのいい、日のあたらないところで
乾燥させます。
入浴剤袋(P.128)に入れて、湯に浮かべます。
敏感肌の人や子どもは、肌に合わない場合もあるので、注意します。

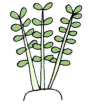

だいこんの葉

保温効果があるので、血行がよくなります。

●作り方
だいこんの葉を風通しのいい、
日のあたらないところで乾燥させます。
適当に切って入浴剤袋(P.128)に入れ、
浴槽に入れます。

〔入浴剤袋を作る〕

●材料（1個分）
さらし‥‥30cm長さ（34cm幅）
縫い糸

●作り方
1 さらしを図のように、袋用とひも用に切り分けます。
2 袋用の布の両端1.5cm幅のところ（図の斜線部分）を
　三つ折りにして、縫います。
　袋用の布の耳を3cm幅で折り、端を縫って、
　ひも通し部分ⓐを作ります。
3 表を中にして半分に折り、横と下の辺を縫い合わせますⓑ。
　ただし、横はひもの通し口になる上3cmをあけます。
4 ひも用の布は、耳が外側になるように三つ折りにし、
　端5mmのところを縫って、ひもにします。
5 3の袋を裏返して、4のひもを通し、結びます。

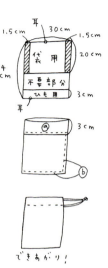

〔体にいいお風呂の入り方〕

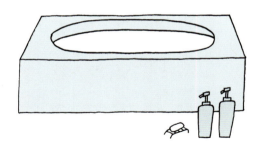

温度設定は39℃（±1℃）

いちばんリラックスできるのが、体温に近い、ちょっとぬるめの温度に入ることです。
39℃を基本にし、夏は38℃くらい、冬は40℃くらいに設定しましょう。

浴室を暖める

特に寒い冬は、暖かい部屋→寒い脱衣所・浴室→熱い湯と、室温の上下が激しくなる場所を移動します。それにともない、急激に血圧も上下して、体によくありません。入る前に、シャワーで浴室も暖めておきましょう。

半身浴で20分

肩までつかる全身浴はのぼせやすく、体にも負担をかけます。胸から下だけをつける半身浴で20分程度、ゆっくりつかりましょう。温まった血液が全身をめぐることで、ぽかぽかと温まります。

Chapter 4

心のこもったおつきあい、
手紙と贈りもの

手紙とはがきの書き方

ていねいに手で書かれた便りは、一枚の絵はがきでも喜んでもらえるはずです。
心をつなぐおつきあいのためにも、筆無精を返上し、手紙やはがきを活用しましょう。

〔手紙の基本〕

あらたまった手紙の場合は、次のような流れが決まっています。

前文	①季節のあいさつ	書きなれてきたら「自分のことば」で書きます。
	②相手の様子をたずねる	まず、相手を気づかうことばを。
主文	③用件	1文字下げて。「さて」「このたびは」「ところで」といった表現で話をかえます。
末文	④結びのあいさつ	「お体を大切に」「みなさまによろしくお伝えください」など、相手の健康や繁栄を願うことばを書きます。
あと付け	⑤日付、自分の名前、相手のあて名	「いつ」「誰が」「誰に」書いた手紙なのかを書き記します。

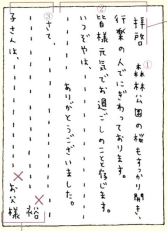

あらたまった手紙の
はじめにつける〈頭語〉。
終わりの〈結語〉との
組み合わせが決まって
います。

かしこまった相手には、
白無地の便せんで。
封筒は、二重封筒を
使います。
文字は、青か黒の
万年筆やボールペンで

はじめが「拝啓」なら終わりは「敬具」という〈結語〉がきます(「前略」なら「草々」)。女性なら終わりだけに「かしこ」と書いても。
便せんが1枚で終わったら、無理に2枚目を入れることはありません。

相手の名前を途中で切ったり、行の下に書かないようにします。適当にあけて、次の行に書きます。

横書きの場合は、
相手の名前を上に書きます。

〔礼状の書き方〕

お礼の手紙は、厚意を受けたら時間をおかずに出します。礼状、わび状、断りの手紙は、早いほどよいのです。

正式な礼状（お世話になった上司、先生へ）

目上の人には基本ルールを守ります。年輩の方には、大きめの字で、文字や行の間にあきをつくって、読みやすく。

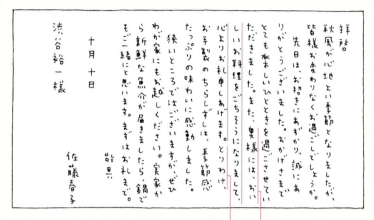

お礼のことばのあとに、「とりわけ〜」と、感じた素直な気持ちを入れることで、印象がアップします。

具体的に内容を書き、感謝や喜びを素直に表します。

親しい人への礼状（友人や、仕事仲間など）

少しくだけた文章のほうが、親しみが出て、気持ちが伝わります。

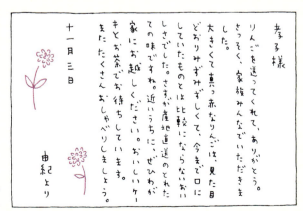

絵入りや色つきのすてきな便せんで。

時候のあいさつを入れず、用件から始めます。

〔封筒の書き方〕

表

ご夫婦ならこのように。

横書き

縦書き

様を忘れずに。

あて名の敬称
様、先生(恩師など)、
御中(会社、団体、学校)
※殿(目下、役所用語)、
さん(友人、家族)は、
使わないほうがよいでしょう。

裏

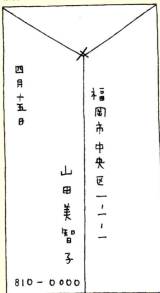

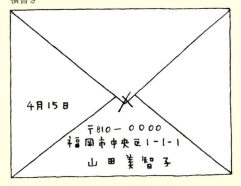

〔はがきの書き方〕

はがきなら、長い前文やあいさつは不要。少しあいた時間にさっと書けます。
ちょっとした礼状や、近況報告に利用すれば、おつきあいを深めることができます。

一緒に旅行をした友達へ、写真の礼状

はがきは、誰の目にふれてもさしつかえない文面を書きます。見られて困る内容は、封書にしましょう。

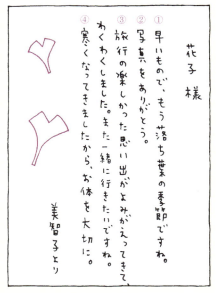

季節感のあるイラスト入りや、
美術館の絵はがきなどで。

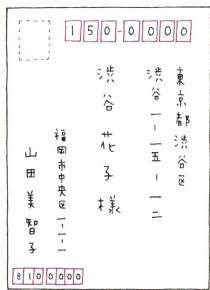

絵はがきなど、裏に文章が書けない場合は、このように下半分に文章を。

前文
①季節のあいさつ：書きなれてきたら「自分のことば」で

主文
②用件：お礼や、近況報告のことばなど
③心のこもったことば

末文
④気づかうことば（終わりのあいさつ）

[印象的な手紙にする]

手紙はあとに残るものだけに、心をこめて書きたいものです。
温かみのある、魅力的な手紙を書くコツがあります。

印象的な手紙を書くための7つのポイント

基本編
① 上手な字でなくても、ていねいに書く。
② 誤字脱字のないように書く。
③ 最後に必ず読み返す。

応用編
④ 相手のことばを思い出す
　相手と会ったときに話したことばを引用して、尊敬や親密感をアピールします。
⑤ 趣味に合わせる
　趣味の話は、手紙の中でも盛りあがることができます。
⑥ 相手のことを気にかける一文、相手が喜ぶ一文を入れる
　思いやりをストレートに書きます。
⑦ いろいろな表現を使う
　「ありがとう」の気持ちひとつを伝えるにもさまざまなことばがあります。自分のことばで実感を書きましょう。

暮らしの豆知識

メールのマナー

書くのも送るのも手軽ですが、メールならではのマナーもあります。

タイトルはわかりやすく
「こんにちは」「よろしく」では、相手に迷惑メールかなと勘違いさせてしまいます。また、メールソフトの設定で自動的に「迷惑メールフォルダ」に振り分けられると、"届かない"ということも。

返信は相手先を確認
相手がCC（カーボンコピー）で一斉送信している場合、送らなくてもいい相手にまで返信をしないように、送信前に確認します。

文章は簡潔に、読みやすく
読みやすいように、改行を多くとる、段落ごとに1行あけるなどします。また、メールでは時候のあいさつは必要なく、「お世話になっております」程度で充分です。

BCCを活用
仲間同士でない、多数の人に一斉メールを送る場合は、お互いのメールアドレスがわからないように、BCC（ブラインドカーボンコピー）を使います。

〔筆まめになろう〕

便せんやはがきなど、手紙にかかわるものを、いつもひとまとめにしておきましょう。思い立ったときに、すぐに書くことができます。

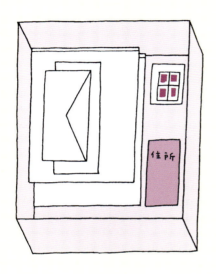

封筒と便せん
いろいろな種類があるので、好みのものを選ぶとよいでしょう。季節に合わせた柄の便せんや、上質な紙を使ったものだと、とても上品な印象になります。

はがき
旅先で見つけたすてきな絵はがきや、美術館のポストカードなどは、その都度買ってストックしておきましょう。季節の絵柄は、季節ごとにまとめてファイルに入れておきます。

切手
普通切手では味気ないもの。すてきな記念切手を見つけたら、買っておきましょう。

一筆せん
用件を簡潔に書くときに使うもの。品物と一緒に送りたいときに便利です。品物に同封するときは、あて名や名前をはぶいてかまいませんが、あて名を書くときは、最初に書くようにします。結びの文も「とり急ぎご連絡(お知らせ)まで」という書き方にします。

アドレス帳
年賀状をファイルに入れておき、それをアドレス帳がわりにしておいても。

辞書・電子辞書
あやふやな漢字があったら、すぐ調べます。誤字脱字を防げます。

贈りものとお見舞い

贈りものは、親しみや感謝、喜びと悲しみを分け合う思いやりの心です。
季節のあいさつやお祝い、お見舞いに、気持ちをこめて贈りましょう。

〔お中元・お歳暮〕

親や恩師、友人・知人など、お世話になっている人々に、日ごろのご無沙汰をわび、
感謝の気持ちをこめて贈りましょう。

贈る時期

＜お中元＞
7月はじめから15日まで
＜お歳暮＞
12月はじめから大みそかまで
（なるべく20日ごろまで）

お中元

お歳暮

関西ではお中元は、7月中旬から8月15日と、地域によって違いがありますが、それほどこだわらず、自分の地域の慣習にならえばよいでしょう。

贈る相手

○自分と夫の両親、兄弟、おけいこごとの先生、お世話になっている知人など
（近くに住み、ふだんから行き来している両親、兄弟は贈らなくてもかまいません）。
○お中元・お歳暮は、一度贈ったら、相手との関係がかわらないかぎり、毎年贈るのがしきたりです（贈る範囲は無理に広げず、お世話になった方には世話になった折に贈る、季節の贈りものをするなどで対応します）。

・贈る相手
一度贈ったら毎年贈ります。

・贈らなくてもいい人
お世話になったら、お中元、お歳暮以外で。

職場の上司

学校の先生

喜ばれる贈りもの

お中元・お歳暮はもちろん、贈りものや手みやげは、
相手の年齢や家族形態を考えて選びます。

好みで選ぶなら

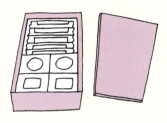

・甘いもの好き
洋菓子、和菓子など相手の好きなもの。
日持ちも考えて、焼き菓子、まんじゅう、羊かん

・お酒好き
自分ではなかなか買わない上等なワインや日本
酒、ふだんに飲めるビールの詰め合わせ

家族の人数も考えて

・ご年配の夫婦
食事づくりがらくになるもの、少量で上等なもの。
おそうざいの缶詰、お茶、ジュース、乾麺

・夫婦二人
日もちのするもの、二人で使えるもの。
ジュース、コーヒー、少し高価な石けんや入浴剤

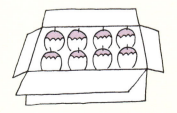

・大人数家庭
家族みんなで楽しめるもの、よく使うもの。
産地直送のくだもの、ハム・ソーセージ、洗剤

取引先など会社に贈るなら

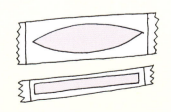

分けるときに手間のかからない、お菓子など

渡し方

相手のお宅を訪問し、直接差し出すのが本来のマナーです。
しかし、遠方の場合や訪問することができない場合は、相手宅に送ります。

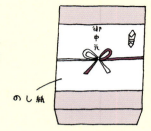
のし紙

カード

デパートからの発送や宅配便で送るなら、カードや手紙を添えるか、別便ではがきを出します。

品物に添える手紙

短く簡潔に用件のみを書いて、品物に添えて送ります。
近ごろでは、品物がすぐ着いてしまうので、別便ではがきを出す場合は、遅れないように早めに出します。

> 拝啓　日ごろは何かとお世話になり、ありがとうございます。
> ふるさとの梨がおいしくなってきましたので、お送りしました。皆様で召し上がっていただければ幸いです。
> 今後とも、よろしくお願い申しあげます。
> 暑い日が続きますが、どうぞお体にお気をつけください。
> 　　　　　　　　　　　　　敬具

- 季節のあいさつはなしでもOK。お中元、お歳暮には、お世話になっているお礼の意味がこめられているので、「お世話になっているので」と書いてかまいません。

- 「とてもおいしいお菓子なので」「人気のある商品のようです」というように選んだ理由を書くと、受けとった相手にも気持ちが伝わります。

[お礼] 贈りものをいただいたら、すぐ礼状を出す習慣を

○届いたら2～3日中に礼状を書いて、出します
○はがきまたは、仕事でのつきあいなど、かしこまった相手なら手紙(P.131参照)で

礼状で大切なのは、早く出すこと。親戚やごく親しい友人、なかなか会えない祖父母などには、電話をかけるほうが喜ばれる場合もあります。
電話では失礼かな？と迷ったときは、礼状を出したほうが安心です。

〔お中元・お歳暮 Q&A〕

贈りそびれた！
お中元を贈りそびれたら、立秋までなら「暑中御見舞い」、立秋〜9月初旬は「残暑御見舞い」(目上の方の場合、「御見舞い」⇒「御伺い」)。お歳暮の場合は、年が明けてから「御年賀」で贈ります。

お中元・お歳暮の時期以外に、地元の特産品を贈りたい
お中元、お歳暮の時期にこだわらなくても、季節の贈りものとして贈るのはよいことです。贈りものが集中する時期でないので、むしろ印象に残ります。

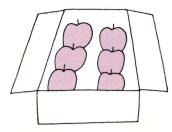

お中元、お歳暮のどちらかひとつにしたい！
お中元かお歳暮のどちらかにしたいときは、一年の締めくくりであるお歳暮にします。

お世話になった相手へのお礼が、お中元やお歳暮の時期に重なった！
のし紙の表書き(目的)は「感謝」「御礼」にして、カードを添えます。「○○の件ではお世話になりました」とすれば、相手にも伝わります。

贈るのをやめたい！
疎遠になった場合は、暑中見舞いや年賀状などはがきでの挨拶にきりかえます。

〔結婚祝い〕

結婚祝いは、お金を贈る場合と品物を贈る場合があります。

●お金を贈る

披露宴に招かれたときは、お祝い金を当日に持参するのが一般的です。

結婚祝いの金額のめやす

○夫婦で招待を受けた場合　5万円
○会社の同僚や部下、友人　2～3万円
一般的に、結婚する方との関係が近いほど高額になります。4と9は避けます。

式場が高そうだからといって、お祝いの金額をかえる必要はありません。

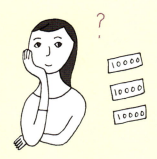

出席できないときは祝電を打っても

披露宴には出席できない場合

特に決まりはありません。お祝い金を現金書留で郵送してもかまいません。

渡し方

現金は、祝儀用ののし袋に入れます。水引は「一度きり」の意味で、結び切りを使います（P.148参照）。
当日は、ふくさに包んで行きます。受付では、ふくさからとり出し、ふくさをたたんでから渡します。

ふくさ（袱紗）

ふくさに包むのは、お祝い金の入ったのし袋が汚れるのを防ぎ、きれいなまま渡したいという、細やかな心づかいです。
慶事ではえんじ色や赤色、朱色などの明るい色、弔事では藍色やグレーの地味な色のふくさを使います。紫色は慶事・弔事両方に使えます。
なければ、小さめの風呂敷や大きめのハンカチでもかまいません。

●品物を贈る

新生活が始まる二人への、心温まるプレゼントを選びましょう。
品物をデパートなどから直送してもらうときは、別にお祝いの手紙やカードを出します。

贈る時期

○披露宴に出席する場合
式の1週間前までに。
間に合わなかった場合は、式の当日には持参せず、
新居に落ち着いたころに届けます。
○出席しない場合
新居に落ち着いたころ。

披露宴や二次会よりも先に

喜ばれる贈りもの

○希望の品を聞ける間柄なら
予算を伝え、希望の品を贈ります。友達などとお金を出し合うと、選択の幅が広がります。

希望を聞けないときは、新生活に役立つもの、二人の思い出になるものを。

「縁を切る」をイメージする、はさみ、包丁などは避けるべきともいわれますが、相手が喜んでくれるなら、あまり神経質にならなくても。

［お返し（結婚内祝）］

＜贈るもの＞いただいたお祝いの半額程度の品。
　　　　　　披露宴の引き出物と同じものでも。
＜時期＞挙式後1か月以内に二人の名前か、結婚後の姓で。
　　　　式を挙げない場合は、できるだけ早めに。

結婚祝いをいただいたのに、披露宴に招待できなかった方に、お礼として贈るのが一般的。ただ形式的なお礼をするよりも、まずは礼状をしたため、感謝の気持ちを伝えましょう。

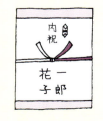

〔出産祝い〕

赤ちゃんが生まれたとき、元気に育つようにと願って、贈りものをします。

贈る時期

○お七夜(生後7日)がすぎて、1か月以内
退院して、家に帰り、落ち着いたころに届くように贈ります。ただし最近は実家に帰って出産する人も多いので、あまりこだわらなくてもいいでしょう。

カードを添えると、
心がこもった贈りものになります。

訪問するなら

退院後、早くても2〜3週間たってから。産婦の疲れがとれたころにします。

訪問するときの注意

お母さんと赤ちゃんの体調はかわりやすいので、事前に確認をとりましょう。

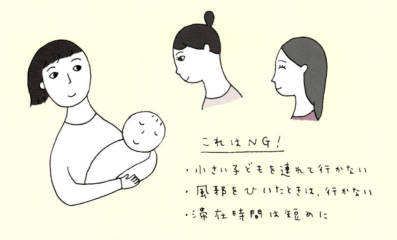

これはNG！
・小さい子どもを連れて行かない
・風邪をひいたときは、行かない
・滞在時間は短めに

喜ばれる贈りもの

○希望の品を聞ける間柄なら
予算を伝えて聞きましょう。必要なものは準備していることが多いので、親しい間柄なら欲しいものを聞きます。

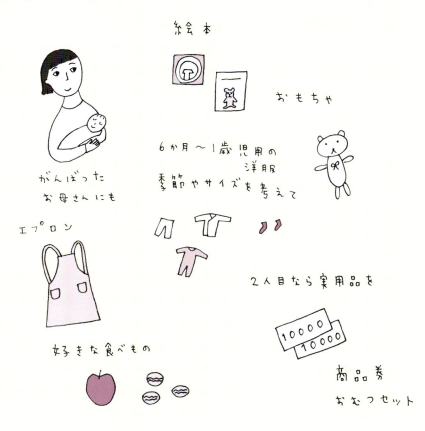

[お返し(出産内祝)]

<贈るもの> いただいたものの半額から3分の1程度の品物。
額に関係なく、統一のお返しをすることも。
<時期> 生後1か月ごろ、宮参りの前後に、赤ちゃんの名前で

タオル、ハンカチ、茶葉とおいしいお菓子のセットなど、消耗品が一般的。
心をこめた礼状と赤ちゃんの写真も添えるとよいです。

〔お葬式の香典〕

線香や抹香のかわりに、故人の霊前に供える金品です。

●香典を渡す
通夜か告別式に持参します。

香典の金額のめやす
○一般的に5000～1万円
おつきあい程度なら3000円くらいでも。
4と9は避けます。

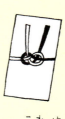

お札は裏向きで包みます

用意していたようだからと、新札はダメという考えもありましたが、こだわる必要はありません。手持ちのきれいなお札を入れます。

これはNG！
あまりに汚いお札は失礼です

渡し方
現金は不祝儀袋に入れます。水引は、白黒あるいは双銀(銀一色)の結び切りを使います(P.148参照)。持って行くときは、ふくさに包みます。
通夜と葬儀の両方に参列するときは、いずれかの日に持参すればOKです。

不祝儀袋の種類
宗教によって、不祝儀袋の表書きが異なります。
上包みに書く表書きと中袋の書き方はP.149を参照。

仏式	「御香典」(四十九日以降…「御仏前」「御供物料」)
神式	「玉串料」「神饌料」
キリスト教	「御花料」「御ミサ料」(カトリック)
どの宗教にも使えるもの(あらかじめわかっていれば、正式なものに)	「御霊前」

どの宗教にも

キリスト教

● 通夜・告別式に参列できないとき

連絡を受けたら、なるべく早く郵送します。

香典とお悔やみの手紙を、
現金書留で送ります。
郵送しても、失礼ではありません。

お悔やみの手紙

頭語や時候のあいさつなどはすべてはぶき、慰め、励ますことを中心に、簡潔に書きます。

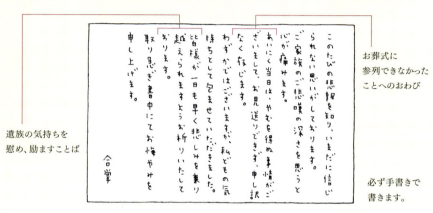

お葬式に参列できなかったことへのおわび

遺族の気持ちを慰め、励ますことば

必ず手書きで書きます。

文面例：
このたびの悲報をより、いまだに信じられない思いがしております。ご家族のご悲嘆の深さを思うと心が痛みます。
あいにく当日は、やむを得ぬ事情がございまして、お見送りできず、申し訳なく存じます。
わずかではございますが、私どもの気持ちとして包ませていただきました。皆様が一日も早く悲しみを乗り越えられますようお祈りいたしております。
取り急ぎ書中にてお悔やみを申し上げます。
合掌

不幸のくり返しを連想させるような「重ね重ね」や「追って」といった表現は避けます。

暮らしの豆知識

通夜と告別式のどちらに参列する？

通夜と告別式のどちらに参列しようか迷うことがあります。

親しい間柄……通夜と告別式の両方
それほど親しくない場合……告別式または通夜のどちらか

本来は通夜への参列は、親しい人に限られ、それほど親しくない場合は、告別式に参列するものでした。最近は、どちらかに参列すればよいという考えになっています。どちらか出席しやすい日でかまいません。

〔お見舞い〕

お見舞いは、病気やけがが治るようにと励ますためのものです。
相手や家族の気持ちを第一に思いやります。

お見舞いの時期

○入院してすぐや手術直後は、避ける
病人は検査、治療などで疲れやすくなっています。お見舞いの時期、時間には気をつけたいもの。また、やつれた姿を見られたくない人もいます。家族に連絡し、行ってもよいかどうかをまず確認します。

お見舞いに行ったら

これはNG！
・体のことをいろいろたずねたり、気がめいるようなことを言わない
・10〜30分程度にして、長居しない
・個室でないときは大きな声を出さない
・大勢で行かない

お見舞いに行かないときは

○手紙を出しても
ただし、病状によっては、相手を傷つけてしまうこともあるので、家族に病状を確認します。

お見舞いのことばや体をいたわることばのみを書きます。

```
前略
先日、佐藤様が入院されていること、金沢様よりお聞きし、大変驚きをしました。
心よりお見舞い申しあげます。
ご治療中は、何かと不自由なことがございましょうが、1日でも早いご回復をお祈り申しあげております。
                              草々
```

時候のあいさつ、
自分の近況は書きません。

よく使われるフレーズ
・お身体の具合はいかがですか
・その後お加減はいかがでしょうか
・治療に専念なさってください

お見舞いの品

○現金がいちばん

目上の人に現金は失礼といわれていますが、商品券やギフトカードであれば、失礼にはあたりません。市販の見舞用袋か、白無地の封筒に入れます。表書きは「御見舞」。

金額のめやす

○3000～1万円

友人5000円、親戚5000～1万円、会社関連有志で1人3000円程度がめやすです。

現金だけでなく、気持ちを添えたいなら

○本人の希望を聞いて

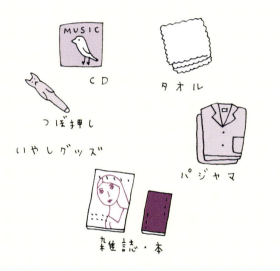

大きな花束はNG！
水をかえる手間がかかり、また病院や病人によって制限があることも。持って行くなら、そのまま飾れる小ぶりのフラワーアレンジメント程度に。

[お返し（快気祝）]

＜贈るもの＞いただいたお見舞いの半額から3分の1程度の品物。
「きれいに治った」「あとに残らない」という意味でお菓子や洗剤など消耗品が一般的。

＜時期＞病気が完全に治り、退院、床あげしたあと1週間～10日前後に。

まずはお心づかいをいただいたお礼と病気やけがの回復具合を伝える礼状を出します。本人が書けない場合は、家族が代理で書いてもかまいません。

〔のし袋の使い方〕

現金を贈るときはのし袋を使います。
のし袋の選び方や表書きには決まりごとがあるので、失礼のないようにしましょう。

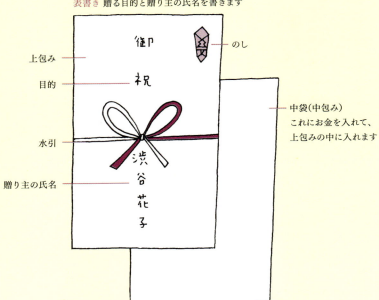

表書き　贈る目的と贈り主の氏名を書きます
のし
上包み
目的
水引
贈り主の氏名
中袋(中包み)
これにお金を入れて、上包みの中に入れます

〔のし袋の種類〕

のし袋にはいくつか種類があり、目的によって水引が違います。

一般のおめでたいことに
蝶結び

何度もくり返していいお祝いごとなので、かんたんにほどいて結び直せる「蝶結び」

結婚祝いに
結び切り

おめでたいけれど「一度きり」の意味で、「結び切り」

弔事用に
結び切り

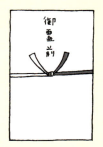

二度とくり返したくないものに。のしはつけません。

〔表書き・中袋の書き方〕

のし袋には贈る目的、贈り主の名前を明記します。

表書きの書き方

ペンで書く
毛筆で書くのが正式ですが、サインペンや筆ペンでかまいません。ボールペンは使わないようにします。

名前は下に
姓と名を下中央に書きます。目的よりも小さめに、字数が少ないときは、字間をあけて均等に。

目的は中央に
目的は、水引より上の中央に書きます。

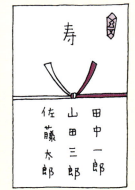

2～3人で贈るなら
3人くらいまでなら、名前を表に並べて書きます。目上の人を右にして、順に書きます。同等なら、五十音順でかまいません。

それより多いなら
代表者の氏名を書き、「外一同」とするか「○○課有志」「○○会一同」として、別の紙に贈り主全員の名前を書いて、中に入れます。

中袋の書き方

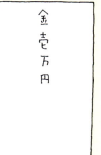

表
金額は、書く欄があれば、そこに書きます。ない場合は、表中央に右のように書きます。縦書きで、漢数字で書くほうがていねいです。漢数字の一、二、三、は、棒だけでまぎらわしいので、壱、弐、参と書いたほうがよいでしょう。

裏
住所と氏名は、書く欄があれば、そこに書きます。ない場合は裏面左下に、郵便番号も忘れずに書きます。受けとった側が、あとから整理するときに助かります。

〔のし袋の注意〕

きれいなお札を入れます

できるだけ新しいお札を用意します。香典の場合は、新札はよくないという考えもありますが、あまりに汚いお札は失礼です。気になる人は、新札を一度折っても。

むき出しで持たない

のし袋は、ふくさか小風呂敷に包んでバッグに入れます。むき出しでは、汚れたり、しわになったりしやすく、差し出すときもぶしつけな感じです。

包み直すとき

表書きをして、お金を入れたあと、包み直すときに間違わないように注意します。

＜水引＞
2色なら、原則、濃い色が右側です。紅白なら紅、金銀なら金が右になります。

＜包み方＞
上側になる折り端が、慶事は上向き。弔事は下向きになります。

金額に合わせて袋を選ぶ

金額が少ないのに豪華な袋を使うと、相手は余計な期待をもちます。金額に合わせた袋を選びましょう。

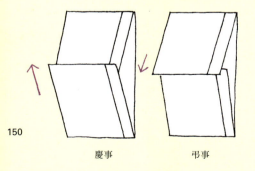

慶事は「幸せを受けとめられますように」との意味をこめて、上側になる折り端が上向きに、弔事は「頭(こうべ)を垂れて悲しみを表す」との意味で、下向きに、と覚えておきましょう。

遠方に送るなら

お祝い金、香典など、遠方に送るときは、現金封筒に入る大きさののし袋を使い、現金書留で送ります。お祝いの手紙やカード、悔やみ状なども同封します。

Chapter 5

招いたり・
招かれたり、
訪問のマナー

訪問するときのマナー

あらたまったおつきあいで訪問するときは、とても緊張します。
でも、基本的なマナーを知っておけば、だいじょうぶ。

〔到着するまで〕

到着時間

○約束の時間ちょうど〜3分すぎくらいがめやす
約束の時間より早いと、先方の準備がととのっていないこともあります。10分以上遅れるときは、必ず連絡を入れます。相手もその分、ゆっくり準備ができます。

コートの扱い

○玄関に入る前に手袋やマフラー、コートも脱ぐのが正式なマナー
親しい間柄や、状況によっては着たままでも。

こんなときは、着たままで玄関に入ってから、上がる前に脱ぎます。

ひどい寒さや雨風のとき。

荷物を置く場所がなく、
脱ぎにくいとき。

玄関先で用事をすませるとき。
手袋やマフラーはとります。

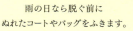
玄関に入ってから、脱ぐときは…

雨の日なら脱ぐ前に
ぬれたコートやバッグをふきます。

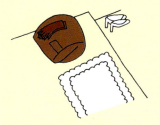
表を内側にしてたたみ、
先方に断って、玄関のすみに置きます。

〔靴の脱ぎ方・スリッパの扱い〕

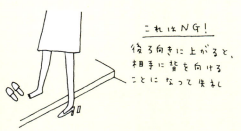

これはNG！
後ろ向きに上がると、相手に背を向けることになって失礼

①前を向いて脱ぎ、上がります。

②斜め後ろにひざをつき、靴を外向きにそろえ、端のほうに置きます。

③スリッパをはきます。

和室なら

④部屋に入ったあと、座るか、ひざをついてスリッパの向きをかえます。端に寄せます。

〔部屋に通されたら〕

席をすすめられたら、遠慮せずに座ります。位置を指定されない場合は下座に座ります。1〜5の順に、番号が若いものが上座となります。上座は出入り口から見て考えます。

洋間

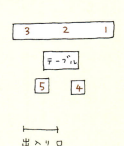

椅子をすすめられたら、座って待ちます。

和室

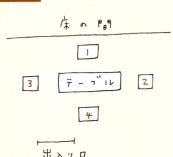

座布団をすすめられたら、そこに座って待ちます。

〔あいさつする〕

あいさつは、座ったままでしないこと。
最初から相手がいれば、席に着く前にあいさつします。

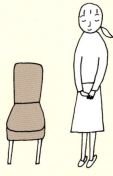

相手が見えたら、立ち上がってあいさつします。
それから、すすめられた席に着きます。

座布団なら

相手が見えたら、座布団の脇におりて
あいさつします。

〔手みやげを渡す〕

訪問には、手みやげを持参することがよくあります。
手数をかけることへの感謝や、親しみを表すためのものです。

渡すタイミング

部屋に通され、あいさつがすんでから。
生ものなどは、「お台所のほうに」とひと言添えて、部屋に入る前に渡します。

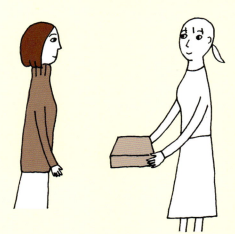

紙袋や風呂敷から必ず出して、相手から見て正しい向きに渡します。また、差し出すときは「つまらないもの」とは言わないようにします。決まり文句ではない、心のこもったことばを添えて渡しましょう。

〔帰るとき〕

用事がすんだら、ころ合いを見計らい、
話が途切れたときに、「今日はこの辺で」と切りあげます。

帰りのあいさつも、気を抜かずていねいに、
所作も美しく。

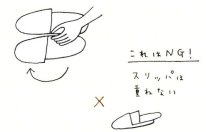

脱いだスリッパは、はじめの向きにそろえます。

コートはひと言断って、
玄関内で着てもかまいません。

マフラーや手袋は外に出てからつけます。

家に戻ったら

雨や雪の日に運転して帰った…などのときは、無事に帰宅した
ことを知らせます。夜遅く帰る場合は、「遅いので着いても電話は
いたしませんが、どうぞご心配なく」とひと言。

目上の人には、日をおかずに
礼状を出します(P.131参照)。

おもてなしのマナー

おもてなしの準備は、早めに、少しずつ整えます。ゆとりをもってお迎えすることで、心おだやかなおもてなしができ、お客さまに気持ちよく過ごしてもらえます。

〔迎える準備〕

家のにおい対策
気になる場所を水ぶきし、お香やアロマオイルを焚くなどします。直前に行うと、においがきつく感じてしまうので、少し前もって。

掃除
掃除のポイントは、玄関、お通しする部屋、トイレ、洗面所です。

お茶とお菓子や料理の準備
事前に材料リストを作って買物をすませ、準備をします。

〔掃除をする〕

自分が来客になったつもりで、通りそうなところをひと回りし、席にも座って点検します。

玄関

玄関の内と外をきれいに
インターホンや取っ手も
ふいておきます

余分な履物はしまい
きれいなスリッパを出す

お通しする部屋

自分も座ってみて、お客さまと同じ目線でチェックします。

何度も出入りしないように
必要なものは準備

夏は涼しく、
冬は暖かく

花を飾って

洗面所

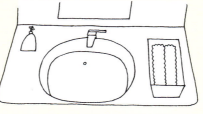

洗面台の汚れをきれいに
鏡、蛇口もピカピカに

ハンドタオル（小さめのもの）を
1回使いに。
使用後のものを入れる
かごも用意して

せっけんなら新しいもの、
ハンドソープなら
容器が汚れていないかチェック

トイレ

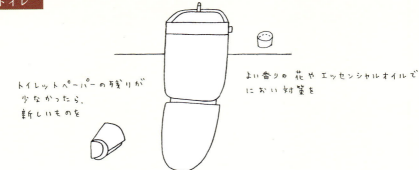

トイレットペーパーの残りが
少なかったら、
新しいものを

よい香りの花やエッセンシャルオイルで
におい対策を

〔お客さまが着いたら〕

インターホンが鳴ったら、待たせずに迎えます。

お客さまが靴の向きを直さずに上がったときは、部屋に案内したあとで直します。
部屋に案内したら、上座をすすめます（上座についてはP.153参照）。上座の位置が心地よい席でない場合（暑い、寒いなど）は、ひと言添えて、いちばんよい席をすすめます。

〔手みやげをいただいたら〕

素直に喜びを表現し、気持ちよくいただきます。

ていねいにお礼を言い、すぐしまいます。

いただいたものを、来客に出してもよいでしょう。

〔お茶をすすめる〕

まずは日本茶を出します(日本茶のいれ方P.68参照)。
好みを聞ける間柄なら、コーヒーや紅茶など好みのものでも。

お茶は両手ですすめます。

正面をお客さまのほうに向けて出します。

・1人か2人なら
お菓子をお客さまから見て左側に出し、次に右側にお茶を出します。

・大人数なら
左後ろ側から順に出します。

〔見送り〕

お客さまを見送るまでが、おもてなしです。最後までにこやかに、印象を大切にします。

姿が見えなくなるまで見送ります。門があれば門、マンションならホールまで出て、自動車なら動き出すまで見送ります。

ベターホーム協会

1963年創立。
「心豊かな質の高い暮らし」を目指し、
暮らしの調査・研究・出版など、
女性たちの手による、生活に密着した活動を続けている。
その中心となるのが、「ベターホームのお料理教室」。
全国18か所の教室で、
毎日の食事づくりに役立つ調理技術とともに、
食品の選び方・買い方と保存法、栄養知識、
マナー、環境に配慮した家事の仕方などを教える。

かしこい 家しごと
料理・洗濯・掃除＋おつきあいの知恵

料理研究・開発	ベターホーム協会（新保千春）
撮影	清永洋
スタイリング	前田かおり
デザイン	ME&MIRACO（石井佳奈・石田百合絵）
イラスト	祖父江ヒロコ
校正	ペーパーハウス

初版発行	2010年4月1日
5刷	2015年3月1日

編集	ベターホーム協会
発行	ベターホーム出版局
	〒150-8363　東京都渋谷区渋谷1-15-12
	編集　Tel.03-3407-0471
	出版営業　Tel.03-3407-4871
	http://www.betterhome.jp

ISBN978-4-86586-002-3
乱丁・落丁はお取替えします。本書の無断転載を禁じます。
©The Better Home Association,2010,Printed in Japan